AF275057

COLEX

eBook gratuito en COLEX Online

⊗ Acceda a la página web de la editorial **www.colex.es**

⊗ Identifíquese con su usuario y contraseña (en caso de no disponer de una cuenta regístrese).

⊗ Acceda en el menú de usuario a la pestaña "Mis códigos" e introduzca el siguiente.

RASCAR PARA VISUALIZAR EL CÓDIGO

⊗ Una vez se valide el código, aparecerá una ventana de confirmación y su eBook estará disponible en la pestaña "Mis libros" en el menú de usuario.

No se admitirá la devolución si el código promocional ha sido manipulado y/o utilizado.

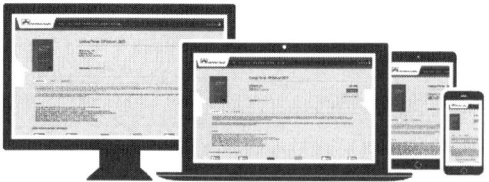

¡Gracias por confiar en Colex!

La obra que acaba de adquirir incluye de forma gratuita la versión electrónica.
Acceda a nuestra página web para aprovechar todas las funcionalidades de las que dispone en nuestro lector.

Funcionalidades eBook

**Acceso desde
cualquier dispositivo**

**Idéntica visualización
a la edición de papel**

Navegación intuitiva

Tamaño del texto adaptable

Puede descargar la APP "Editorial Colex" para acceder a sus libros y a todos los códigos básicos actualizados.

Síguenos en:

EL MATRIMONIO CANÓNICO

EL MATRIMONIO CANÓNICO

Jorge Subirán Marcos

COLEX 2024

Copyright © 2024

Queda prohibida, salvo excepción prevista en la ley, cualquier forma de reproducción, distribución, comunicación pública y transformación de esta obra sin contar con autorización de los titulares de propiedad intelectual. La infracción de los derechos mencionados puede ser constitutiva de delito contra la propiedad intelectual (arts. 270 y sigs. del Código Penal). El Centro Español de Derechos Reprográficos (www.cedro.org) garantiza el respeto de los citados derechos.

Editorial Colex S.L. vela por la exactitud de los textos legales publicados. No obstante, advierte que la única normativa oficial se encuentra publicada en el BOE o Boletín Oficial correspondiente, siendo esta la única legalmente válida, y declinando cualquier responsabilidad por daños que puedan causarse debido a inexactitudes e incorrecciones en los mismos.

Editorial Colex S.L. habilitará a través de la web www.colex.es un servicio online para acceder a las eventuales correcciones de erratas de cualquier libro perteneciente a nuestra editorial.

© Jorge Subirán Marcos

© Editorial Colex, S.L.
Calle Costa Rica, número 5, 3.º B (local comercial)
A Coruña, C.P. 15004
info@colex.es
www.colex.es

I.S.B.N.: 978-84-1194-521-9
Depósito legal: C 897-2024

*A mi familia, en especial, a mis padres, hermanos, sobrinos,
mi mujer Claudia y mis hijas Amelia y Teresa.*

«La familia es la primera célula esencial de la sociedad humana».
(Papa Juan XXIII)

SUMARIO

**PARTE II.
LA REGULACIÓN JURÍDICA DEL MATRIMONIO CANÓNICO**

PARTE III.
EL MATRIMONIO CIVIL

ABREVIATURAS

A.	Auto
AAS.	Acta Apostolicae Sedis
ADEE.	Anuario de Derecho Eclesiástico del Estado
Aloc.	Alocución
Art.	Artículo
ARRT.	Apostolicum Rotae Romanae Tribunal
ASS.	Acta Sanctae Sedis
ATS.	Auto Tribunal Supremo
BOE.	Boletín Oficial del Estado
c.	Canon
c.	Coram
cc.	Cánones
CC.	Código Civil
CIC.	Corpus Iuris Canonici
Comm.	Communicationes
Cong. Cleric.	Congregatio pro Clericis
Cong. de Cultu.	Congregatio de Cultu Divinio et Disciplina Sacramentorum
Cong. DF.	Congregatio pro Doctrina Fidei
CPI.	Comisión Pontificia para la interpretación del Código
D.	Digesto
DGRN.	Dirección General de los Registros y el Notariado
DH. Decl.	Dignitatis Humanae

EIC.	Ephemerides Iuris canonici
Enc.	Encíclica
IDE.	Il diritto ecclesiastico
Gen.	Genesis
Lv.	Levítico
RAE.	Real Academia Española
RDC.	Revue de Droit Canonique
RDGRN.	Resolución de la Dirección General de los Registros y el Notariado
REDC.	Revista Española de Derecho Canónico
SRRD.	Decisiones de la Rota Romana
TC.	Tribunal Constitucional
TS.	Tribunal Supremo
TUE	Tratado de la Unión Europea
UE	Unión Europea
Vid.	Véase
VVAA	Varios Autores

PARTE I.

CUESTIONES FUNDAMENTALES DE DERECHO MATRIMONIAL

CAPÍTULO I.

NOCIONES GENERALES

I. INTRODUCCIÓN

Los juristas no solemos prestar mucha atención a los problemas personales de los ciudadanos y nuestros métodos van más dirigidos a aplicar la ley, tendemos a ser positivistas, ya que nos dan una materia que debemos aplicar y creemos que la solución legal es la mejor para las personas o ciudadanos de nuestro entorno. Antes de abordar la regulación jurídica del matrimonio, resulta necesario realizar una serie de reflexiones de carácter general que tienen gran importancia para la comprensión del Derecho matrimonial civil y canónico.

En primer lugar, el Derecho civil se caracteriza por su estabilidad, muchas de las instituciones que aparecen en los Códigos civiles tienen un origen histórico, fundamentalmente romano. El derecho de familia, se debate entre dos grandes cuestiones, La primera, la referida al matrimonio como institución fundadora de la familia. Algunos autores manifiestan que es una institución utilizada por la Iglesia para administrar el exceso de prole[1] y como consecuencia de la reproducción del hombre surge el problema de dar solución a las previsiones alimentarias, protección de la prole, etc.

A lo largos de los siglos se ha producido una conclusión aceptada socialmente con la identificación de matrimonio y

---

1   HATTENHAUER, H. *Conceptos fundamentales del Derecho civil*. Trad. de GONZALO HERNÁNDEZ, Ariel, 1982, p. 131.

familia, de modo que en algunos momentos se llega a considerar que la única vía válida para constituir una familia es a través de la forma matrimonial, lo que llevo a como veremos en epígrafes posteriores a identificar al hogar con el término muy usado actualmente como patriarcado como el hombre protector de la mujer[2].

El matrimonio como todo negocio jurídico contractual nace del consentimiento matrimonial, manifestado en la forma debida. El consentimiento matrimonial, como acto de voluntad por el cual los contrayentes se entregan y aceptan mutuamente para constituir el matrimonio, es el elemento que da origen al vínculo conyugal, es decir, su causa eficiente y eficaz. Podría decirse que con el consentimiento se agota jurídicamente todo factor constitutivo del matrimonio.

El matrimonio, sin ninguna duda, es la relación jurídica que más puede incidir en la vida de cada persona. Esta relación no afecta únicamente a las personas que prestan el consentimiento matrimonial, sino que afecta de manera necesaria a una serie de personas que constituyen lo que denominamos entorno familiar y social en donde se desarrolla el matrimonio. Estas relaciones en numerosos casos plantean problemas que se agudizan en las denominadas crisis matrimoniales.

Si observamos la evolución normativa del matrimonio en Occidente, constatamos que llevamos casi quinientos años de progresiva secularización, en el que el matrimonio heterosexual, monógamo e indisoluble ha sido cuestionado, negándose su consideración como institución natural. A su vez, nuevas formas de convivencia familiar van cobrando legitimidad, en nombre del progreso, no sólo mediante la equiparación de sus efectos a los propios del vínculo matrimonial, sino identificándose con el propio concepto de matrimonio.

---

2   Esto derivó en que la gran mayoría de Códigos civiles del S. XIII y S.XIX calificaron al marido como protector de la mujer y obligaron a esta a obedecer al marido, quien debía alimentarla, un ejemplo es el Código prusiano de 1794 en donde el art. 184 establecía que: «*el hombre es la cabeza de la sociedad matrimonial; es el quien decide los asuntos comunes*» en HATTENHAUER, H. *Conceptos fundamentales...* ob. cit. p. 140. Cuestión suavizada en el Código civil francés de 1804, que definía los derechos de los cónyuges en los art. 212 regulando que se debían mutuamente fidelidad, ayuda y asistencia.

Por tanto, sin apenas percatarnos de ellos, la sociedad en que vivimos está inmersa en constante y profundos cambios que acontecen a un ritmo vertiginoso cuando se habla de crisis matrimoniales.

La segunda, reside en la base regulatoria de la familia, el Derecho no puede pretender una regulación de todos los aspectos o facetas de la relación matrimonial, ni tan si quiera cuenta siempre con los instrumentos jurídicos adecuados para dar puntual solución a cuantos problemas se presentan en una relación tan personal y compleja[3]. Como consecuencia de ello surge la pregunta si a la hora de regular el derecho de familia, el ordenamiento jurídico debe o no ofrecer un sistema que establezca reglas imperativas a las que los miembros de la familia deban ajustar sus conductas, o bien, si debe distinguirse entre dos tipos de relaciones entre los miembros de la familia, una de ellas basadas en el principio de igualdad y en consecuencia en la autonomía de la voluntad tal como mencionábamos con anterioridad, como podría ser las que existen entre los miembros creadores de esa familia. Y las otras, las que afectan a las personas que deben ser protegidas dada su situación física o mental, edad, etc.

Por último, el matrimonio, en cuanto a realidad social, está condicionado por la regulación legal que del mismo se haga. Es, por tanto, el ordenamiento jurídico el que establece el modelo social de matrimonio y condiciona las conductas sociales en este campo, que en ocasiones determinados comportamientos exigen una respuesta del Derecho. Mientras que en el campo canónico arranca del propio Derecho natural, en el ordenamiento jurídico civil la institución matrimonial ha sufrido una profunda transformación alejándose sustancialmente de la concepción canónica.

---

3   Un ejemplo lo constituye el largo sentir histórico en el mundo del Derecho y en amplios sectores de la ciudadanía de la necesidad de contar con Juzgados y Tribunales especializados en Derecho de Familia, servidos por profesionales de todos los ámbitos que estén debidamente preparados para resolver los problemas de los matrimonios, de las parejas, de las familias en crisis, órganos y personas que puedan proteger debidamente a los niños, niñas y adolescentes y velar por las personas mayores y las personas con discapacidad.

II. TERMINOLOGÍA

2.1. Familia

El concepto y la significación de la familia en el Derecho romano, sufren una profunda evolución a lo largo de los siglos, manifestada en las diferentes etapas de su historia, que van desde un distanciamiento en los primeros tiempos de la noción de hoy en día del concepto de familia, hasta su notable proximidad, en la legislación justinianea, a la vigente concepción de la misma[4].

HEGEL, se ocupó de lo que debía entenderse por familia, aunque no lo desliga del matrimonio, aparecen dos elementos que influirán en construcciones posteriores, en primer lugar, el componente natural, consistente en la unión de los sexos, aunque reconoce que el matrimonio se contempla solo como una unión física. En segundo lugar, el elemento comunidad como la «comunidad de intereses personales y culturales»[5]. Estos elementos, el natural y comunitario, se observan en otros autores como LACRUZ BERMEJO que indica que «la familia es un fenómeno natural tan antiguo como la humanidad misma con la que es consustancial» a lo que añadiría que la base de la familia «al menos sociológicamente», es el matrimonio, por lo que «aparece como una comunidad»[6].

La característica de institución natural aparece también incluida en las definiciones legales como el art. 22 del Fuero de los Españoles que establecía que «*El Estado reconoce y ampara la familia como institución natural y fundamento de la sociedad, con derechos y deberes anteriores y superiores a toda ley humana positiva*»[7].

---

4   FERNÁNDEZ DE BUJÁN, A. *Derecho Privado Romano,* Madrid, 2015, p. 235.

5   HEGEL, G.W. *Enciclopedia de las ciencias filosóficas en compendio.* Edición, introducción y notas de R. VALLS PLANA, Madrid, 1997, p. 541.

6   LACRUZ BERDEJO J.L. *Derecho de familia. El matrimonio y su economía,* Barcelona, 1963. p. 7.

7·   GALLEGO GARCÍA, E. *Los cambios del Derecho de familia en España (1931-1981) Crónica breve de una mutación polémica,* Valencia. 2005, p. 62.

2.2. Origen de Matrimonio

No existe una terminología unívoca para referirse a esta realidad social, si bien la palabra matrimonio es la más utilizada y la que goza de una mayor aceptación por parte de la sociedad y del Derecho. Tradicionalmente se hace derivar la palabra latina «*matrimonium*», si bien no resulta claro el origen y significado del mismo. Existe acuerdo en que se formó a partir de la palabra «*mater*», aunque se discrepa del origen de la terminación «*monium*». Por ellos analizaremos las más aceptadas:

a) La primera, afirma que la palabra matrimonio de «*matris munium*» (carga que incumbe a la madre). Lo afirmó ya el papa Gregorio IX en sus Decretales, cuando escribió: «[puer] propter quod magis materno indiget solatio, quam paterno, sibique ante partum onerosus, dolorosus in partu, post partum laboriosus fuisse noscatur»[8]. Aunque sigue viéndose esta explicación en muchos diccionarios de etimología, hoy no parece aceptable.

b) Santo Tomás de Aquino propone nada menos que otras cuatro etimologías posibles en su Summa Theologiae. Según las mismas, el vocablo «matrimonio» podría provenir de *matrem muniens* (defensa de la madre)[9], de *matrem monens* (aviso dado a la madre para que no se aparte de su marido), de *mater nato* (porque por el matrimonio se hace una mujer madre de un nacido) o

---

8   Decretales Cap. 2, X, de convers. Infid., III, 23. Este razonamiento también pasó a las Partidas que la explican de la siguiente manera: «*porque la madre —dicen— sufre mayores trabajos con los fijos, que el padre. Ca como quier que el padre los engendra, la madre sufre muy grand embargo con ellos, de mientras que los trae; sufre muy grandes dolores, quando han de nascer; e después que son nascidos ha muy grand trabajo, en criar a ellos mismos por sí. E además desto, porque los fijos, mientras son pequeños mayor menester han de la yuda de la madre, que del padre. E por todas estas razones sobredichas, que caben a la madre de fazer, e non al padre, por ende es llamado Matrimonio e non Patrimonio*». Ley 2, Tít. 2, Partida IV.

9   Para algunos autores como por ejemplo para Castán esta hipótesis es la más aceptable, al menos desde el punto de vista sociológico en CASTÁN TOBEÑAS, J. *Derecho civil español, común y foral*, t. V.11.ª ed. puesta al día por GARCÍA CANTERO, G. y CASTÁN Vázquez, J.M. ed. Reus, Madrid, 1987 p. 111.

de materia y monos (porque por el matrimonio se unen dos en uno para formar una sola materia)[10].

c) Por último, algunos autores defienden que únicamente proviene de la palabra *mater,* siendo la terminación *monium* una mera prolongación de esta palabra[11].

2.3. Definición de matrimonio

La palabra matrimonio se aplica indistintamente a dos cosas diferentes, si bien unidas entre sí por una relación de causa efecto: la sociedad conyugal o comunidad que forman marido y mujer; y la celebración del matrimonio, es decir, el acto por el cual ambos se entregan mutuamente como marido y mujer. Para señalar en cada caso cual es el sentido en qué se toma a la palabra matrimonio, suele añadírsele las expresiones latinas *in fieri* e *in facto* ese, queriendo referirse —a constituyéndose— y a —ya constituido– en el segundo caso, hacen por lo tanto referencia a los dos momentos, el causal y la existencia del matrimonio. Definir el matrimonio no es tarea fácil. Especialistas muy notables confiesan que definirlo es una cuestión de enorme dificultad[12]. Tiene la dificultad de acotar en pocas palabras una realidad profunda y primaria que puede responder a tres cuestiones. La primera, a una atracción entre hombre y mujer; la segunda, a la configuración de una unión cuyos criterios inspiradores recogen tanto cuestiones religiosas como diferentes utilidades del modelo social; y tercero, al interés y estrategias de las autoridades públicas y poderes sociales en regular dicha unión como una institución legal con unos fines públicos. Por ello, cuando mencionamos matrimonio podemos referirnos a cualquier relación sexual entre parejas humanas; a la unión intima entre varón y mujer según criterios de verdad y excelencia moral o a lo que el Estado (como institución legal) define como en una determinada sociedad. Estos tres

---

10   Santo Tomás de Aquino: *Suma teológica. Supl., q. 49, a. 2, ob. 1.*

11   En este sentido, Couture, E.J. *Vocabulario jurídico,* Buenos Aires, 1983, p. 402 ha llegado a escribir: *del latín «matrimonium» ...referente en su origen solo a la mujer, ya que literalmente significa «estado de madre».*

12   Un ejemplo es Hervada, J. y Lombardia, P. *El Derecho del Pueblo de Dios, III/1, Derecho matrimonial,* Pamplona, 1973, p. 18.

aspectos en la sociedad en general y en el caso de España en particular no caminan en armonía.

En la actualidad es poco factibles que se pueda dar una definición que resulte válida para todos los ordenamientos, pues en cada entorno cultural y en cada sistema jurídico se considera válido aquél que se constituye conforme con las disposiciones normativas del ordenamiento vigente.

Dentro de la multitud de definiciones que la cultura antigua nos ha dejado, deben ser obligadas de citar las definiciones romanas de Justiniano y Modestino.

El primero define el matrimonio como «*Nuptiae autem sive matrimonium est viri et mulieris coniunctio individuam consuetudinem viate continens*»[13]. Mientras que la de Modestino, que aunque sea utilizada[14] menos que la anterior, pero se usa en los siglos XII y XII lo define como «Nuptiae *sunt coniunctio maris et feminae, consortium omnis vitae, divini et humani iuris communicatio*»[15]. La utilización de la definición de Modestino por la doctrina clásica reviste una característica singular, y es que no aparece nunca propuesta de modo autónomo, sino siempre y solamente unida, de alguna manera con la definición justinianea[16]. Puede decirse que la definición de Modestino era usada con una función hermenéutica, a modo de interpretación y para completar la de Justiniano[17].

LOMBARDO recoge las oportunas reformas de la definición de Justiniano, proporcionando una definición seguida de modo común por los teólogos y canonistas «*Sunt igitur*

---

13   Instituciones 1,9,1. Nupcias o matrimonio es la del varón y de la mujer que contiene la comunidad indivisible de vida.

14   Un ejemplo, es la mención de ella que se hace en la enc. *Casti Connubi* de Pío XI

15   Digesto 23,3, 1. Las nupcias son la unión del varón y de la mujer, consorcio de toda la vida, comunión en el derecho divino y humano.

16   Así lo ha subrayado algunos autores como SALERNO, F. *La definizione del matrimonio canonico nella dottrina giuridica e teologica dei sec. XII-XIII*, Milano, 1965, pp. 131 y ss.

17   Esta fue desde luego la más utilizada, pero con algunas modificaciones para adaptar la concepción romana del matrimonio a la vida cristiana. La definición de Justiniano con el cambio *continens* por *retinens,* vocablo que se estima más expresivo de la indisolubilidad, se mantiene en el Decreto de Graciano (C.27 q.2, *proem*) y en las Decretales (X 2.23.11).

nuptiae vel matrimonium viri mulieresque coniunctio marita-
lis inter legitimas personas indiviudam vitae consuetudinem
retinens»[18].

El término *maritalis* sirve para subrayar el fin de la generación de los hijos; la expresión *inter legitimas personas* sirve
para distinguir entre matrimonio y la simple convivencia de
hecho entre hombre y mujer; y la sustitución de *continens*
por *retinens* sirve para subrayar de modo inequívoco la indisolubilidad.

Modernamente, diversos canonistas han dado alguna definición distinta de las romanas, todas ellas muy similares, un
ejemplo es la aportada por CAPELLO como «*la unión legítima,*
perpetua y exclusiva entre varón y mujer, nacida de su mutuo
consentimiento, ordenada a la procreación y educación de la
prole»[19], u otros como SIPOS; «*unión una, estable y legítima de*
un varón y una mujer para la propagación del género humano
y los demás fines del matrimonio»[20].

El magisterio de la Iglesia no se ha pronunciado taxativa-
mente en cuanto a la adopción de una definición de matrimonio, no existía en el CIC de 1917, una definición de matrimonio, que se limitó a caracterizarlo por sus propiedades
esenciales[21] y la esencia del acto del consentimiento[22]. El
Concilio Vaticano II habla de matrimonio como de la «íntima
comunidad de vida y amor que se establece sobre la alianza
de los cónyuges, es decir, sobre su consentimiento personal e
irrevocable»[23].

La idea común de matrimonio como comunidad de vida
entre hombre y mujer ha traspasado la esfera canónica y se
ha instalado en el ámbito civil, un ejemplo lo encontramos
en CASTÁN que reúne las notas de legalidad, permanencia

---

18   LOMBARDO, P. *Sententiam libiri quator, lib IV, dist. 27, cap. 2.* Las nup-
     cias o el matrimonio son la unión marital de varón y mujer, entre per-
     sona legítimas, que retiene una comunidad indivisible de vida.

19   CAPELLO, F.M. *De Sacramentis,* Vol. V De Matrimonio, Taurinii, 1950, p. 3.

20   SIPOS, S. GÁLOS, L. *Enchiridion iuris canonici,* 6.ª ed. Romae 1954, p.

21   C. 1013.1.

22   El *ius in corpus* perpetuo y exclusivo según el C. 1081.2.

23   Const, *Gaudium est spes,* n.º 48). Así el Concilio no hace referencia al
     contrato, sino que habla más bien de alianza y pone el acento en la
     sustancia de la relación misma, ser la una íntima comunidad de vida y
     amor entre el varón y la mujer, más que en el modo de iniciarla.

y plenitud, definiéndolo como «*sociedad indivisible entre un hombre y una mujer para la plena y perpetua comunidad de existencia*»[24].

Si tomamos por tanto los elementos esenciales de las definiciones vistas de matrimonio, podemos definir el matrimonio siguiendo al GARCÍA GÁRATE como «*la comunidad de vida entre un hombre y una mujer conforme a derecho*»[25].

Podemos observar, por tanto, que, para la gran mayoría de autores, es algo más que un mero acuerdo entre dos personas que deciden casarse, ya que, como indicábamos al principio, esta decisión afecta a los aspectos más íntimos de los cónyuges. La diferencia con otras uniones jurídicas es que el elemento común es la vida de la propia persona que afecta a todas las esferas de la misma.

Con la expresión conforme a derecho hace referencia según el profesor GARCÍA GÁRATE a que los distintos ordenamientos jurídicos son los que determinan qué tipos de uniones y en qué condiciones tienen la consideración de matrimonio, imponiendo un modelo jurídico a los contrayentes[26].

Mientras que el legislador canónico está limitado en su regulación por principios cristianos del matrimonio[27], el legislador civil tiene libertad para variar el contenido, como así ha ocurrido[28], el contenido de la relación matrimonial.

A este proceso de desnaturalización del matrimonio, ha contribuido la secularización del mismo, entendido como aquel proceso histórico en el que la Iglesia católica y su derecho pierden en la sociedad occidental, la jurisdicción exclusiva del matrimonio, con la consiguiente aparición del matrimonio civil. Esta aparición impulsó la idea que no hay una única unión conyugal, sino dos distintas. Con lo que se ha confundido el matrimonio con las normas jurídicas que lo regulan perdiéndose de vista su carácter de institución.

---

24 CASTÁN TOBEÑAS, J. *Derecho civil español...* ob. cit. p. 114.
25 GARCÍA GÁRATE, A. *El matrimonio canónico en su dimensión sustantiva y procesal,* Dykinson, 2007, p. 28.
26 *Idem*. p. 29.
27 Naturales y teológicos.
28 Un ejemplo es la Ley 13/2005, por la que se modificó el Código Civil en materia matrimonial, permitiendo contraer matrimonio a personas del mismo sexo, entrando en vigor dicha reforma el 3 de julio de 2005.

En la cultura actual en Occidente, existen varios tipos de matrimonio, por lo que la institución matrimonial se ha desnaturalizado y convertido en diversas estructuras artificiales de índole jurídico-formal bajo la que existen concepciones ideológicas diversas sobre la sexualidad. Esto ha traído consigo que el matrimonio deja de ser una realidad y pasa a ser una idea. Por lo que estando rota la estructura de matrimonio se abre la puerta a eliminar otras prohibiciones que hasta ahora formaban parte de la esencia del matrimonio como por ejemplo la monogamia o la exigencia de una determinada forma para contraer matrimonio[29].

III. RECONOCIMIENTO DEL MATRIMONIO COMO UN DERECHO DE LA PERSONA

El derecho a contraer matrimonio y a constituir una familia, el denominado *ius conubii,* es uno de los derechos fundamentales de toda persona humana, por el que todo hombre y mujer pueden contraer matrimonio, eligiendo libremente a su propio cónyuge. Se trata por tanto de un derecho inherente a cualquier persona debido a su naturaleza humana según HERVADA a la estructura óntica de la naturaleza humana y construye un *prius* respecto de cualquier sistema legal concreto[30]. Dado que el matrimonio constituye una parte fundamental de la sociedad y no puede dejar de interesar de modo determinante al bien común, en todas las culturas y en todos los ordenamientos jurídicos se advierte como establecen la mayoría de autores una notable intervención por parte de la sociedad en la regulación que se hace del mismo, que se manifiesta tanto en la determinación de la legitimidad de las personas como en la forma jurídica del mismo. Por ello, como ya hemos indicado en apartados anteriores, al tratarse

---

29 Así VILADRICH, P.J. explica que «el matrimonio, entendido como una pura situación legal, se acaba confundiendo con una forma de celebración y con el estado de legalidad que de ellas se obtiene. Termina por ser una forma susceptible de cualquier contenido» en *Agonía del matrimonio legal. Una introducción a los elementos conceptuales básicos del matrimonio*, Pamplona, 1984, p. 123.

30 HERVADA, J. *Reflexiones en torno al matrimonio a la luz del Derecho natural, Persona y Derecho*, 1, 1974 p. 132-134.

de un derecho tan íntimo y personal, la intervención de las autoridades públicas debe ser el mínimo exigido por el bien común[31].

El derecho a contraer matrimonio aparece vinculado con el derecho natural, esto es por la propia naturaleza humana, de la propia configuración de la persona humana como centro de atribución de derecho pre-positivos. Las limitaciones por tanto que se puedan ejercer al *ius connubii* por los poderes públicos es la preocupación por la salvaguarda de la identidad del matrimonio, el respeto a la libertad de los contrayentes, la defensa de los derechos de terceras personas y, en general, por la búsqueda del bien común[32].

La mayor parte de las legislaciones nacionales, reconoces explícitamente el derecho a contraer matrimonio como un derecho fundamental de las personas. Así por ejemplo está recogido en la Declaración Universal de los Derechos del Hombre de 1948 que en su art. 16.1 establece que: «*Los hombres y las mujeres, a partir de la edad núbil, tienen derecho, sin restricción alguna por motivos de raza, nacionalidad o religión, a casarse y fundar una familia, y disfrutarán de iguales derechos en cuanto al matrimonio, durante el matrimonio y en caso de disolución del matrimonio*»; el Pacto Internacional relativo a los Derechos Civiles y Políticos votado por la Asamblea de Naciones Unidas en 1966 que en su art. 23.2 recoge que: «*Se reconoce el derecho del hombre y de la mujer a contraer matrimonio y a fundar una familia si tienen edad para ello*» o más reciente la Carta de los Derechos Fundamentales de la Unión Europea del año 2000 que establece en su art. 9 lo siguiente: «*Se garantizan el derecho a contraer matrimonio y el derecho a fundar una familia según las leyes nacionales que regulen su ejercicio*».

También el magisterio de la Iglesia ha reafirmado el derecho natural a la existencia del matrimonio tanto para el hombre como para la mujer, un ejemplo lo encontramos en León XIII que afirmó que «*ius coniugii naturale ad primigenium homini adimere, caussamve nuptiarium praecipuam, dei auctoritate initio constitutam, quoque modo circumscribere*

---

31   En este sentido NAVARRETE, U. *Diritto fondamentale al matrimonio e al sacramento*, in QDE 2(1988) 72.

32   SCHOUPPE, J.P. *Lo ius connubii, diritto della persona e del fedele*, in: Fidelium Iura 3, (1993) p. 198.

lex hominum nulla potest»[33]. Defensa general del matrimonio que manifiesta en las denuncias de las prohibiciones a contraer matrimonio a personas afectadas por determinadas enfermedades[34].

Por último, este reconocimiento tanto por parte de la Iglesia como por el resto de organizaciones internaciones tiene su reflejo en las constituciones nacionales, donde el derecho a contraer matrimonio suele figurar entre los derechos que proclaman. Un ejemplo es la Constitución española de 1978, que en su art. 32.1 establece que *«El hombre y la mujer tienen derecho a contraer matrimonio con plena igualdad jurídica»*. La interpretación que se hace de lo establecido en la Carta Magna es que el *ius connubii* como derecho fundamental de la persona, no deber ser coartado, postergado o denegado más que cuando exista una certeza racional absoluta del obstáculo que vicie de nulidad al matrimonio pretendido, ha de ser preferido, aun en caso de duda, no poner trabas a la celebración del enlace[35]. Este Derecho a contraer matrimonio goza de una evidente conexión con el principio constitucional del libre desarrollo de la personalidad (art. 10.1 CE), en la medida en que, a través de dicha libertad, se salvaguarda un interés fundamental de la persona a constituir una familia fundada en el matrimonio y a desenvolver en ella la propia personalidad[36].

---

33 LEÓN XIII, Litt. Encyc. *Rerum Novarum,* 15 maii 1891, n.º 9. que se traduce como ninguna ley humana puede limitar el derecho natural del matrimonio al hombre original, o a la causa principal del matrimonio, establecida al principio por la autoridad de Dios.

34 SCS Officii, Decretum, 21 martii 1931, in: ASS 23 (1931) 118.

35 Dirección General de los Registros y del Notariado, «Resolución del 26 de junio de 1996», en *Boletín de Información del Ministerio de Justicia 1784-1785* (1996) 3716: Fundamentos de Derecho, n.º VI; AGUILAR BENÍTEZ DE LUGO, M. «Ius nubendi y orden público internacional», en *Boletín de Información del Ministerio de Justicia 1862 (2000), p. 425.*

36 Esta conexión la podemos observar en la jurisprudencia del TC, un ejemplo es el ATC 156 /1987 (RTC 1987, 156 AUTO, «*La libertad de opción entre el estado civil de casado o de soltero es uno de los derechos fundamentales más íntimamente vinculados al libre desarrollo de la personalidad, considerado por la Constitución fundamento del orden político y de la paz social (art. 10.1CE)*» entre otras como la STC 184/1990 de 15 de noviembre.

IV. EL MATRIMONIO COMO ACTO Y COMO ESTADO

Como hemos indicado en apartados anteriores, el término matrimonio presenta una doble acepción que conviene aclarar a fin de evitar confusiones o equivocaciones. En ocasiones, se emplea para designar el acto de su celebración, donde las personas que se disponen a entregarse recíprocamente en calidad de cónyuges. En otros casos, por matrimonio se entiende a la pareja humana constituida por ambos cónyuges o incluso al estado jurídico que afecta a los contrayentes tras la celebración del matrimonio. Al primero de los supuestos, se le denomina matrimonio *in fieri*, porque se atiende al acto en que se hace o se produce. En los otros dos supuestos, se le denomina matrimonio *in facto esse* porque alude a la situación conyugal ya producida[37].

La terminología de sinónimos para referirse a una u otra acepción es muy amplia. Para el primero de los supuestos, *in fieri,* encontramos palabras como boda, casamiento o nupcias, entre otras. Para el segundo, *in facto esse,* encontramos sociedad, comunidad, estado, vínculo, etc.

A lo largo de la normativa canónica y civil se encuentran multitud de lugares en los que el vocablo matrimonio se toma en una u otra acepción dependiendo del supuesto que estemos tratando.

Como ya hemos indicado, estos dos supuestos están íntimamente ligados entre si. El matrimonio *in fieri* representa el acto por el que se recibe, el *in facto*, es el momento en el que se constituye jurídicamente, y para que esto ocurra se deben dar tres requisitos que explicaremos en temas posteriores, que son los tres pilares que deben darse para que el matrimonio sea válido como son la capacidad, la forma y el consentimiento.

Una vez que el matrimonio se ha producido válidamente, surge un vínculo jurídico para los cónyuges. Este vínculo reviste las características asignadas al concepto de relación jurídica, ya que, se trata de una relación orgánica regulada por el ordenamiento jurídico, cuyo contenido se regula por

---

37   BERNÁRDEZ CANTÓN, A. *Compendio de Derecho Matrimonial Canónico,* Madrid. 1998, p. 22.

ejemplo en el caso del derecho civil en los art. 67 y 68 CC, que determinan los deberes que configuran el matrimonio.

V. SOLUCIÓN JURÍDICA A LAS CRISIS MATRIMONIALES

Las situaciones de crisis conyugales encuentran su solución en una serie de medidas que dependiendo de la misma afectará al vínculo o a la convivencia. En el caso de que afecte al vínculo puede ser desde el momento de la celebración del matrimonio (nulidad), o bien por causa posterior al mismo (disolución o divorcio). En el caso que estemos hablando que afecta a la convivencia estaremos en un caso de separación.

5.1. Nulidad

Como hemos indicado en el apartado anterior, para la constitución válida del matrimonio no es suficiente únicamente su celebración (*in fieri*), es necesario que se cumplan todos aquellos requisitos esenciales que exige el derecho, y que habitualmente afectan a la capacidad de los cónyuges, a su voluntad y a la forma en la que se presta el consentimiento.

La nulidad, por tanto, es una situación que se produce cuando un matrimonio celebrado tiene un defecto estructural, que afecta a la capacidad de los contrayentes, al consentimiento o a la forma del negocio jurídico. Se diferencia de la separación o el divorcio, en que siempre va referido al momento de la celebración del matrimonio y que en el caso del divorcio tiene su causa de disolución en un matrimonio existente que no afecta a la validez del negocio jurídico, sino solo a sus efectos, que se extinguen con carácter sobrevenido, bien por muerte de uno de los cónyuges, bien por sentencia de divorcio.

Esto no impide que un matrimonio declarado nulo produzca determinados efectos jurídicos, ni que se invaliden todos los que encuentran su causa en el mismo[38]. Pero da

---

38 La nulidad produce unas consecuencias prácticamente comunes con el divorcio, por ejemplo, en lo relativo a la atribución del uso de la

lugar, a unas consecuencias específicas a las que nos referiremos con posterioridad.

5.2. La disolución y el divorcio

Frente a la nulidad, la disolución se producirá en caso de que la constitución del matrimonio se haya producido de una manera válida. Por tanto, la disolución del matrimonio, es la ineficacia sobrevenida del mismo de forma absoluta, se produce en nuestro ordenamiento, según el art. 85 del CC, por tres causas, la muerte; la declaración del fallecimiento y el divorcio.

Dicho artículo, añade que la disolución se produce sea cual fuere la forma y el tiempo de su celebración. Es decir, tanto si se trata de un matrimonio celebrado en forma civil como si es celebrado en forma religiosa y aunque la respectiva religión no admita el divorcio, como es el caso del matrimonio canónico. Y tanto si el matrimonio celebrado después de la vigencia del texto actual del Código civil, como si fuese anterior[39].

Mientras que para la disolución por muerte basta la acreditación de este extremo, el divorcio desde la modificación producida por la Ley de 8 de julio de 2005, consagró, como establece la Exposición de motivos, el «*derecho a no continuar casado*» es decir, no se hace depender de la demostración de la concurrencia de causa alguna.

El divorcio es la causa de disolución que recibe una detallada regulación y que se explicará detalladamente en epígrafes posteriores.

---

vivienda familiar, a los hijos menores de edad y al progenitor que conviva con ellos en los términos previstos en el art. 96 del CC.

39   El divorcio lo introdujo la Ley 30/1981, de 7 de julio, por la que se modifica la regulación del matrimonio en el Código Civil y se determina el procedimiento a seguir en las causas de nulidad, separación y divorcio; hoy modificada por la Ley 15/2005, de 8 de julio, por la que se modifican el Código Civil y la Ley de Enjuiciamiento Civil en materia de separación y divorcio.

5.3. La separación

La separación es la suspensión de la vida en común, la separación no cuestiona la validez del matrimonio, y a diferencia de la disolución o divorcio, tampoco lo disuelve. Afectando exclusivamente a sus efectos. Existen diferentes tipos, la separación legal, tanto judicial como no judicial (es decir, ante Secretario Judicial o Notario) o la separación de hecho, en los que los cónyuges suspenden por sí mismo algunos efectos del matrimonio, con consecuencias prácticas e indirectamente legales[40], que serán objeto de desarrollo posterior.

VI. LAS UNIONES DE HECHO

En los últimos años, ha recobrado con fuerza un fenómeno social, que si bien siempre ha existido, está en auge como es el hecho de que una pareja decida vivir juntas sin celebrar matrimonio, ya sea civil o canónico[41]. Estamos ante este tipo de unión cuando dos personas de manera distinta al matrimonio, están unidas de forma estable por una relación de convivencia y de afecto, con independencia de su sexo (por ejemplo, una pareja que, sin ser matrimonio, convive y/o que tiene hijos).

El aumento de estas uniones plantea nuevos problemas en las relaciones de familia que el derecho debe resolver.

Las uniones de hecho se basan en la unión extramatrimonial. No está prevista ni tampoco prohibida por el Derecho. Es ajurídica, pero no antijurídica. Carece de una normativa legal, aunque ha sido objeto de múltiples leyes por parte de las Comunidades Autónomas[42].

---

40   HERNÁNDEZ, C. *La separación de hecho matrimonial*, Madrid 1982.

41   Un ejemplo lo encontramos según los datos oficiales del registro de la Comunidad de Madrid y del INE, la brecha entre matrimonios y parejas de hecho se ha reducido un 90% entre 1998 y 2018.

42   La falta de normativa específica quizá es el motivo de la amplia bibliografía sobre esta cuestión por ejemplo LACRUZ BERDEJO, J.L. y SANCHO REBULLIDA, F. *Elementos del Derecho civil, IV Derecho de familia,* Barcelona, 1989, p. 7. o AMUNÁTEGUI RODRÍGUEZ, C. «La aplicación de las leyes de parejas no casadas por parte de los Tribunales» en *Revista de Derecho privado,* 2004, p. 527, entre otros.

Se ha caracterizado o definido en numerosas ocasiones por la similitud con el matrimonio, sin la constitución legal, partiendo de la convivencia *more uxorio*, pero distinto es su total equiparación[43].

---

43   García Gárate, A. *El matrimonio canónico...* ob. cit. p. 35.

CAPÍTULO II.

FORMACIÓN HISTÓRICA DEL MATRIMONIO

I. INTRODUCCIÓN

De Coulanges, F expresa en su libro sobre la ciudad antigua que se colocan las creencias frente a las leyes e instituciones, se van esclareciendo los hechos y la explicación surge por sí misma[44]. Refiriéndose a Grecia y a Roma, señala que si nos remontamos a las primeras edades, o sea a la época en que tuvieron origen sus instituciones, veremos manifestarse las ideas que se habían formado del hombre, de la vida, de la muerte, de la existencia al temor y al principio divino; así advertiremos la íntima relación entre estas opiniones y las distintas reglas de derecho privado, entre los ritos de sus creencias y sus instituciones políticas[45].

La comparación de las creencias y las leyes muestra que una religión primitiva ha constituido la familia griega y romana, ha establecido el matrimonio y la autoridad paterna.

La gran mayoría de autores consideran que el derecho como ciencia ha sido una de las aportaciones más importantes que Roma ha aportado a la humanidad.

---

44   Coulanges, F. *La ciudad Antigua,* Biblioteca Edaf, Madrid 1982, p. 27
45   *Idem*. pp. 27-29.

II.ESTRUCTURA JURÍDICA DEL MATRIMONIO ROMANO

2.1. El matrimonio romano

El matrimonio, tal y como lo entienden los romanos, es una situación jurídica fundada en la convivencia conyugal y en la *affectio maritalis*. No es necesario, por lo demás la convivencia efectiva: el matrimonio existe aunque los cónyuges no habiten en la misma casa[46], con la obligatoriedad de que ambos se guardasen la consideración y el respeto debido, lo que se denominó *honro matrimonii*. Otro elemento indicador que la convivencia no se interpreta en sentido material, sino ético, es el hecho de que el matrimonio podía contraerse en ausencia del marido, entrando la mujer en casa de este, lo que se conocía como *deductio in domum maritii*[47].

Sobre el elemento objetivo de la convivencia prevalece, por tanto, el subjetivo de la intención, es decir, la *affectio maritalis*. Esto resulta evidente si nos fijamos en la expresión latina *nuptias non concubitus sed consesus facit*[48] o *non coitus matrimonium facit, sed maritalis affectio*[49].

El matrimonio actual lo produce el consentimiento inicial, mientras que en Roma debe ser continuado o duradero[50], carecía de formalidad alguna, como por ejemplo sería la celebración ante una autoridad o la redacción de algún tipo de documento[51]. Por lo tanto, el matrimonio romano era jurídicamente informal en su esencia; hubo más bien formas rituales, de índole social o religiosa que pudieron acompañarlo. Esto provocó muchas veces la presencia de solemnidades de tipo religioso o mágico, pero estas se ubicaron en

---

46 D.24,1,32,13.

47 D.23,2,5; PAULO, 2, 19,8; D.23,3,69,3; D. 23,2,6.

48 D.50,17,30. El matrimonio no nace de la cohabitación sino del consentimiento.

49 D. 24,1,32,13. No es la unión carnal lo que determina el matrimonio, sino la afección matrimonial.

50 Algunos autores lo denominan «más bien un estado de voluntad cotidiano» en ARIAS, J. y ARIAS BOART, J. *Derecho Romano*, Madrid, 1986, p. 757.

51 Es importante recordar una presunción dada por Modestino (D.23,3,24) que confirma la independencia del matrimonio romano clásico respecto de cualquier formalidad esencial.

lo referente a lo social y a lo religioso y no tocaron en ningún caso la estructura jurídicamente dicha[52].

Cuando falta la intención de ser marido y mujer, cesa el matrimonio. No siendo el matrimonio un acto jurídico, tampoco el divorcio puede configurarse como tal[53].

Es importante señalar dentro de la estructura jurídica del matrimonio en Roma. la importancia de la *manus*[54], este tipo de matrimonio se podía realizar de tres formas diferentes:

a) *Confarreatio*, consistente en una ceremonia religiosa solemne, permitida solo para quienes ostentaban la clase de Patricios. Se celebraba en un acto sagrado ante 10 testigos y en presencia del sacerdote de Júpiter[55].

b) *Coemptio,* consistía en la venta ficticia de la mujer hacia el hombre. Podía celebrarse en cualquier momento del matrimonio y suponía un proceso de transmisión. Este rito tenía que celebrarse con al menos cinco testigos presentes, exigiendo que todos fueran adultos, hombres y ciudadanos romanos.

c) *Usus,* era la forma menos solemne de contraer matrimonio, para poder llevar a cabo esta forma de matrimonio, se debía la convivencia continuada durante un año de un varón y mujer. La disolución se producía con la *usurpatio trinoctii*, consistente en que la mujer se alejaba tres noches consecutivas de la compañía del hombre.

2.2. Requisitos para contraer matrimonio en Roma

Según ULPIANO, «Existe matrimonio justo si entre los que celebran los actos nupciales hay derecho de *conubium*, si tanto el varón como la mujer han llegado a la pubertad, y si existe consentimiento entre uno y otro, si son *sui iuris*, y si están bajo potestad, también de sus parientes»[56].

---

52   JORS, P. *Derecho Privado Romano.* Barcelona, 1937, p. 385.

53   IGLESIAS, J. *Derecho Romano,* Barcelona, 2004, p. 340.

54   En tiempos antiguos era frecuente que el matrimonio estuviese acompañado por el sometimiento de la mujer a la *manus*, en términos de formar parte de la familia del marido, pero no significa que exista un matrimonio *cum manu* y otro *sine manu.*

55   COULANGES, F. *La ciudad...* ob. cit. p. 30.

56   ULPIANO. D. 5,2.

En Roma, para que el matrimonio tuviese la consideración de válido (*legitimum matrimonium)* se tenían que dar los
siguientes requisitos:

a) Capacidad natural, no podían contraer matrimonio lo
    impúberos, es decir, los varones y mujeres cuya edad
    fuese inferior a los catorce y doce años respectivamente
    y tampoco lo eunucos, según el derecho justinianeo.

b) Capacidad jurídica, se precisaba ser libre y ciudadano,
    es decir, tener el *status libertatis* y *status civitatis*. La
    unión entre esclavos no se consideraba matrimonio sino
    contubernium[57].

Tampoco tenía la consideración de matrimonio, las uniones entre persona romana y extranjero, salvo que mediase
una especial concesión[58].

2.3. Efectos del matrimonio romano

Marido y mujer no están en pie de igualdad, sino que esta
se subordina al hombre. La unión conyugal genera derechos
y obligaciones para los contrayentes, de orden personal y
patrimonial, entre los que cabe señalar los siguientes:

1. La condición de legítimos los hijos nacidos en el
   matrimonio y titulares del *status civitatis* del cabeza
   de familia.

2. La consideración de la esposa en los matrimonios
   cum manu, como hija en el marco de la familia de
   su marido, lo que supone la sujeción a la potestad
   del cabeza de familia, es decir, de la persona que
   ostentase la condición de *pater familias*, con independencia de que este fuese o no su marido[59]. A efectos
   patrimoniales sus bienes se integran en el patrimonio
   de la familia del marido.

   En los matrimonios libres, la *sine in manun conven-
   tione uxor*, siempre que sea *sui iuris,* rige en sentido
   contrario, en el orden patrimonial el principio de
   separación de bienes, si bien no existe poder paterno
   sobre la mujer, sí existe el poder marital en lo perso-

---

57 ULPIANO, 5,5; C.5,5, 3 pr.

58 ULPIANO, 5,4; GAYO, 1,57.

59 FERNÁNDEZ DE BUJÁN, A. *Derecho Privado...* ob. cit. p. 266.

nal. En congruencia con la anterior afirmación, ante la disolución del matrimonio, todos aquellos bienes aportados por la mujer y concedidos al marido para su administración debían ser restituidos[60].

3. Las donaciones entre cónyuges —*donationes inter virum et uxorem*— estaban prohibidas, salvo las efectuadas por causa de muerte o por divorcio. Se justifica esta prohibición por la necesidad de evitar que se ponga precio al afecto conyugal y por el peligro de que el amor pueda mover al cónyuge más generoso a desprenderse de sus bienes en beneficio del otro[61].

4. Entre cónyuges no se podía ejercitar acciones penales e infamantes. En el Derecho justinianeo, marido y mujer gozan recíprocamente del *beneficium competentiae*[62]. Ambos tienen derecho a los alimentos[63] y a la sucesión hereditaria.

2.4. Disolución del matrimonio

El matrimonio se disolvía por las siguientes causas:

1. Por fallecimiento de uno de los cónyuges.

2. Por incapacidad sobrevenida, consistente en la perdida de la libertad (*captis diminutio máxima*) o por la pérdida de la ciudadanía (*capitis diminutio media)*[64].

3. Por divorcio, es decir, por la pérdida de la *affectio maritalis*, en uno de los cónyuges o en ambos. Como

---

60 García Garrido, M.J. *Derecho privado romano*. Madrid, 2008, p. 116.

61 D.24,1,32 pr. Y 2.

62 Se establece a partir de Antonio Pío, entre marido y mujer en virtud del mencionado beneficio los cónyuges solo pueden obtener, en los procesos en que sean partes contrarias, por sentencia judicial una condena en la medida de sus posibilidades económicas, *in id quod facere possunt*, a fin de evitar la ejecución personal y la infamia.

63 D.24, 3,22,8: «*mas si sufriendo la mujer una locura de carácter grave, el marido, no disuelve el matrimonio, pero desprecia la desgracia de su esposa, y no la atiende, ni presta el cuidado conveniente, abusando de su dote, debe permitirse al curador de la demente o a un pariente suyo, que acuda la juez competente, a fin de que obligue al marido a prestarle las atenciones debidas, proporcionarle alimentos...*»

64 Esto no ocurría así en el Derecho justinianeo, en la Nov. 22,13, se atribuye a Constantino la norma de que la deportación no acarrea la disolución del matrimonio.

hemos explicado con anterioridad el matrimonio estaba basado en el consentimiento continuado, de tal manera que, si este faltase cesa sin más el vínculo.

El divorcio, al igual que ocurre con el matrimonio no está sujeto a forma alguna, suficiente un simple aviso. Las manifestaciones en contrario a la voluntad de mantener la unión conyugal, se realizaron en su caso, durante siglos a efectos probatorios o a partir de la *lex Iulia de adulteriis* de Augusto del año 18 a.C. que estableció que el repudio debiera participarse por medio de un liberto, en presencia de siete ciudadanos púberos[65]. Sin embargo, no debe entenderse que el matrimonio subsiste cuando no ha sido observada dicha prescripción legal[66].

La libertad del divorcio fue casi total hasta comienzos del Siglo IV, pero lo cierto, es que los divorcios sin causa justificada, o el abuso del divorcio, fueron objeto de reprobación social ya desde la República. Por lo que durante mucho tiempo, el divorcio no constituyó un hecho frecuente en la sociedad romana. En cambio, su difusión alcanzó límites extremos con la corrupción de costumbres que invadió Roma en la hora de la expansión mundial[67].

Finalmente, con Justiniano se procede a una sistematización de la legislación matrimonial, distinguiendo cuatro figuras de divorcio:

1. Con justa causa, *ex iusta causa*, derivado de la actuación culposa de una de las partes tipificada en la ley. Son *iusta causae* entre otras, la conjura o su ocultación contra el emperador; el adulterio; la mala conducta o el abandono del domicilio conyugal por parte de la mujer, etc.

2. Sin justa causa, *sine causa*, cuando se produce como acto unilateral no justificado por la ley. Su realización conlleva la imposición de determinadas sanciones.

3. Por consenso, *divortium communi consensu*, es decir, por el simple acuerdo común.

---

65   D.38,11,1; D. 24,2,9.
66   IGLESIAS, J. *Derecho...* ob. cit. p. 345.
67   *Idem.* p. 346.

4. Causa no imputable, *divortium bona gratia*, por ejemplo, impotencia incurable, voto de castidad, la cautividad de guerra.

III. ESTRUCTURA JURÍDICA DEL MATRIMONIO CANÓNICO

Como es sabido, la elaboración del derecho canónico matrimonial se hizo tomando como punto de partida el derecho romano[68]. Los teólogos, inspirados en la tradición jurídica romana, sostenían que era por el consentimiento de los esposos, cuando se realizaba el sacramento[69]. En cambio, para los canonistas de Bolonia mediante la cópula, la consumación carnal, se completaba la doble significación del matrimonio: la del alma fiel con Dios, y la de Cristo con la Iglesia[70]. Estas diferencias proporcionaron todo un vocabulario que triunfará en los años y siglos venideros y que tenía que ver con las distintas etapas por las que atravesaba el vínculo matrimonial[71].

Durante los primeros siglos del cristianismo, fueron más bien compendios de leyes eclesiásticas los que eventualmente aparecieron, muchas veces elaborados por particulares, con el fin de hacer una recopilación del conjunto de leyes elaborada en los diferentes concilios y por los diferentes Pontífices.

Hacia el año 1140 Graciano, monje jurista que enseñaba teología en Bolonia reúne un conjunto de leyes que se denomina *Decretum*[72], reúne un conjunto disperso de leyes, siendo conocidas históricamente con el nombre de Decreto de Graciano. Constituye la primera parte de

---

68 GARCÍA GÁRATE, A. *El matrimonio canónico...* ob. cit. p. 40.

69 Pedro Lombardo y luego Huguccio sostuvieron que el consentimiento era principio originario y causa eficiente del matrimonio, en RINCÓN, T. *El matrimonio misterioso y signo. Siglos IX-XIII,* Pamplona, 1971, pp. 182-189 y GAUDEMET, J. *El matrimonio en Occidente,* Madrid,1993, p. 204.

70 RINCÓN, T. *El matrimonio misterioso...* ob. cit. p. 219.

71 Anticipado por Graciano.

72 Cuyo nombre original era *Concordia discordatum canonum*, en GARCÍA GÁRATE, A. *Introducción al estudio del derecho canónico,* Madrid, 2006, p. 90.

la colección de seis obras jurídicas canónicas conocidas como *Corpus Iuris Canonici*[73].

A comienzos del Siglo XII, Hugo de San Víctor[74], escribió un tratado sobre el matrimonio señalando que el consentimiento se expresa no únicamente de manera verbal, sino también por un gesto. De esta manera se reafirma la idea clásica de que la esencia del matrimonio es el consentimiento[75].

A partir del Siglo XII, se entendió que el consentimiento sin forma daba lugar a un matrimonio válido, cuando la voluntad de las partes estaba dirigida hacia la eficacia actual del matrimonio. Junto a esto, debía bastar la promesa o esponsales para la conclusión del matrimonio, cuando la voluntad matrimonial había tomado efectividad mediante la cópula *carnalis*. El resultado de estos planteamientos fueron conclusiones de matrimonios secretos y la bigamia[76]. Fue tal la inseguridad jurídica que originó al extenderse los matrimonios clandestinos, que la cultura jurídica europea comenzó a subrayar el aspecto público del matrimonio[77]. Como manifiestan algunos autores, antes del siglo XVI, la institución del matrimonio parecía encontrarse en un estado de gran confusión[78].

Ante la ofensiva de las iglesias reformadas que negaban el carácter sacramental del matrimonio, la respuesta católica fue diversa y en ocasiones difusa[79]. El Concilio de Trento

---

73 El referido cuerpo además de incluir el Decreto de Graciano, albergaba el Libro Extra de Gregorio IX; el Libro Sexto de Bonifacio III y Las Clementinas; la Extravagantes de Juan XXII y las Extravagantes Comunes de otros papas.

74 Para saber más en relación con este autor en FEISS, H. *The didascalicon of Hugh of St. Victor : a medieval guide to the arts,* Columbia University Press, New York, 1991.

75 MARZAL, M. *Estudios sobre Religión Campesina.* Lima, Fondo Editorial PUCP y CONCYTEC, 1988; p. 194.

76 RODRÍGUEZ ITURRI, R. *Orígenes, Fuentes y Principios Jurídicos del Matrimonio Civil en el Perú de hoy: lo romano, lo cristiano y lo germánico,* Derecho 47/1993 Facultad de Derecho de la Pontifica Universidad Católica del Perú, p. 449.

77 CARRERAS, J. *Las bodas. Sexo, fiesta y derecho,* Pamplona, 2002, p. 81.

78 Un ejemplo sería KAMEN, H. *Cambio cultural en la sociedad del Siglo de Oro. Cataluña y Castilla, siglos XVI-XVII,* Madrid 1998, p. 262.

79 Así lo manifiestan algunos autores como Erasmo de Rotterdam, quien sin negar la sacramentalidad, exponía varias objeciones en WATT, J. «El impacto de la Reforma y la Contrarreforma», DAVID I. KERTERZER y

significó una especial explicitación de la teología del matrimonio como respuesta a las doctrinas protestantes. En dicho Concilio, se proclama la sacramentalidad, la indisolubilidad del matrimonio y se declararon inválidos los matrimonios clandestinos.

El Concilio de Trento consiguió fijar un modelo matrimonial, que se impuso a la sociedad en las regiones donde prevalecía la religión católica. Si el matrimonio era un sacramento, la autoridad de la Iglesia y su competencia sobre el vínculo eran indiscutibles. De este modo, la Iglesia católica lograría tener la hegemonía jurisdiccional sobre el matrimonio.

IV. LA SECULARIZACIÓN DEL MATRIMONIO

La concepción teológica y jurídica del matrimonio, elaborada por los maestros de la Escolástica y por los Decretalistas de la época clásica, sufrirá profundas transformaciones, unas operadas bruscamente —en los Estados protestantes—; otras de manera más lenta, en el marco de las monarquías regalistas de los Estados católicos[80].

La secularización produce desacralización del mundo, la separación entre lo sacro y lo profano y el abandono de una mentalidad que hace de la fe la única guía del conocimiento. La secularización no supone el fin de lo religioso, ni su negación, pero la religión deja de ser la fuerza esencial de lo social. Si aplicamos esto al matrimonio, la secularización del mismo, supone la pretensión por parte del Estado de regular entera e igualitariamente en su propio ordenamiento jurídico el matrimonio para todos los ciudadanos.

El primer paso en la evolución histórica de la secularización del matrimonio, se produce con Lutero y la aparición de la Reforma protestante. La tesis luterana, manifestaba que el matrimonio no era un sacramento, esto supuso una ruptura con la tradición teológica y canónica, que como hemos visto en el apartado anterior, desde el Siglo XII había compartido en términos generales toda la cristiandad medieval.

MARZIO BARBAGLI (comps.) *Historia de la familia europea,* Barcelona, 2002 p. 226-227.

80 VELASCO, S. (2018). El proceso de secularización del matrimonio canónico y su concreción técnico-jurídica. *Ius Canonicum, 25*(49), p. 176.

Eliminar el carácter sacramental del matrimonio, abrirá una puerta ideológica para la teoría regalista de las monarquías católicas de la época de la Ilustración, encaminadas a separar sacramento y contrato. Separación que se erige como criterio básico para su política matrimonial y su correspondiente traducción normativa, atribuyéndose la competencia jurídica sobre el contrato matrimonial exclusivamente al poder del Estado, dejando solamente la regulación normativa de la celebración religiosa a la potestad de la Iglesia.

El matrimonio civil como forma prevalente en la historia moderna europea, se produce en los siglos XIX y XX. A la euforia secularizadora de los revolucionarios franceses, sigue una línea jurídica que se impone progresivamente en todas las áreas geopolíticas y religiosas de Europa del siglo XX: una línea cuya una de sus notas características es la exclusiva competencia del Estado y de su ordenamiento jurídico, para la regulación de todos los aspectos del matrimonio y la familia, aun los más internos que preceden, conforman y acompañan el nacimiento público del vínculo matrimonial, incluyendo el mismo acto de la celebración del matrimonio, en los casos de acentuada radicalidad secularizadora. Un ejemplo de ello, lo encontramos desde la Francia revolucionaria hasta la Alemania prusiana del siglo XIX y desde la IV República francesa hasta la Alemania de la República Federal antes y después de la unificación de Alemania en 1990. Se impone implacablemente, incluso con sanción penal o administrativa para el ministro de la ceremonia, en el caso de que se la haga preceder de la celebración religiosa. Esto supone una contradicción con el principio y el derecho de libertad religiosa[81].

---

81 WINFRIED, A. *Kanonisches Recht*, Bd. III. Paderborn-München-Wien-Zürich 2007, pp. 336-343.

CAPÍTULO III.

EL DERECHO MATRIMONIAL CANÓNICO ANTE EL DERECHO DEL ESTADO

I. INTRODUCCIÓN

A la hora de regular el derecho matrimonial, no se puede desconocer por parte del legislador que para muchas personas el contraer matrimonio de acuerdo con los ritos de su confesión es una forma de manifestar su libertad religiosa. Dependiendo de la confesión en cuestión, el grado de vinculación por parte de la persona a dicho ordenamiento confesional es mayor o menor. Para las personas que profesan la religión protestante, se limita a la celebración de acuerdo con el rito religioso, mientras que, para las personas católicas las exigencias van más allá, ya que, la Iglesia católica posee un ordenamiento jurídico semejante al del Estado, en virtud del cual, las personas pertenecientes a esta confesión están obligados a contraer matrimonio según las normas del derecho canónico y están también sometidos a la jurisdicción eclesiástica, para resolver los conflictos que se deriven del matrimonio.

Ante esta situación, el legislador civil se encuentra en la necesidad de regular el matrimonio religioso, que dependerá de la regulación jurídica que en cada Estado se haga del hecho religioso. Los países que integran la Unión Europea tienen sistemas matrimoniales distintos, resultado de un proceso histórico y estrechamente vinculado al peso que la religión ha tenido históricamente en el Estado referido.

II. EL SISTEMA MATRIMONIAL VIGENTE EN LOS PAÍSES DE LA UNIÓN EUROPEA

El término sistema matrimonial alude a la relación que existe el ordenamiento jurídico del matrimonio civil y matrimonio religioso[82], y al grado de eficacia que reconoce el Estado al matrimonio religioso. De manera que, optar por un sistema matrimonial u otro está fuertemente determinada por las relaciones Iglesia-Estado de cada país. Desde este punto de vista, podemos afirmar que existen una pluralidad de modelos de sistemas matrimoniales y que cualquier clasificación que hagamos siempre va a ser superada por la realidad.

A la hora de señalar el sistema matrimonial de los países de la Unión pueden distinguirse, tres zonas con sistemas matrimoniales que se acercan de forma similar, aunque difieran en aspectos importantes:

a) *Países pertenecientes a Europa del Norte*, en los que encontramos a Dinamarca; Finlandia; Noruega; Suecia e Islandia, Estonia; Letonia y Lituania, cuyas legislaciones ofrecen de manera optativa la forma religiosa o civil, es decir, matrimonio civil bajo pluralidad de formas.

b) *Países de Europa del Sur*, en los que encontramos a España, Italia y Portugal, cuya legislación también ofrece un sistema de libre elección.

c) *Países de Europa Central*, donde encontramos a Francia; Austria; Alemania; Luxemburgo; Bélgica; Holanda; Hungría y Rumanía, en donde encontramos un sistema de matrimonio civil bajo forma exclusivamente civil.

Por lo tanto, podemos observar que Europa existen, dos modelos de sistemas matrimoniales: el matrimonio civil obligatorio y el matrimonio civil único con pluralidad de formas[83]:

El primero, *el matrimonio civil obligatorio* supone el reconocimiento de un único ordenamiento competente para regular

---

82 LLAMAZARES FERNÁNDEZ, D. *El sistema matrimonial español. Matrimonio civil, matrimonio religioso y matrimonio de hecho*, Servicio de Publicaciones de la Facultad de Derecho de la Universidad Complutense de Madrid, Madrid 1995, p. 7.

83 IBÁN, I. y FERRARI, S. en *Derecho y religión en Europa occidental*, Madrid 1998, pp. 48 y ss.

el matrimonio y la forma de contraerlo. En ellos, se permite la celebración del matrimonio religioso pero, excepto en el caso de Austria, se exige que la celebración sea posterior a la del matrimonio civil previéndose sanciones al ministro de culto para el caso de su incumplimiento que consisten en una multa en el caso de Alemania, Francia y Bélgica, cuya cuantía es diferente en cada Estado y que en caso de reincidencia la sanción que se aplica es una pena privativa de libertad más graves en el caso de Francia, menos en el belga[84].

Este sistema matrimonial tiene las siguientes ventajas: En primer lugar, se garantiza la igualdad al establecerse un sistema uniforme de matrimonio regulado por el Estado y obligatorio para todos. En segundo lugar, la libertad religiosa queda garantizada en la medida en que se permite celebrar matrimonio en forma religiosa y por último, satisface el ejercicio de la libertad religiosa en términos de igualdad, ya que se cumple el objetivo que debe perseguir un Estado laico[85].

El segundo, el *matrimonio civil único con pluralidad de formas*, supone el reconocimiento de un único ordenamiento competente, el del Estado, para regular los requisitos de validez y establecer las causas de nulidad y divorcio del matrimonio, pero acepta la posibilidad de que el matrimonio se celebre en forma religiosa, concediendo al matrimonio así celebrado eficacia civil. En algunos países se reconoce la eficacia civil a las resoluciones dictadas por los Tribunales de la Iglesia, como ocurre en España, Italia y Portugal si bien con ciertos controles por parte del Estado. Así las cosas, hay que distinguir dentro de este sistema matrimonial entre eficacia civil de la celebración del matrimonio en forma religiosa y eficacia civil de las resoluciones eclesiásticas.

a) Eficacia civil de la celebración del matrimonio en forma religiosa. Lo importante es comprobar si se reconoce a todas las confesiones la posibilidad de que los matrimonios celebrados en su ámbito se les reconozca efectos civiles.

---

84   Castro, A. «Sistema Matrimonial Vigente en los Países de la Unión Europea. Una Propuesta de sistema matrimonial europeo». En *Cuestiones Cuestiones actuales de derecho comparado: actas de las reuniones académicas celebradas el 13 de julio de 2001 y el 10 de octubre de 2002 en la Facultad de Derecho de A Coruña*. La Coruña, 2003 p. 197.

85   Llamazares Fernández, D. *Derecho de la libertad de conciencia*, Madrid ,2002, p. 31

En los países nórdicos[86] (Finlandia[87], Suecia y Dinamarca), El matrimonio celebrado en forma religiosa distinta de la oficial tiene efectos civiles siempre que la confesión en cuyo seno se celebre sea admitida o reconocida.

En el caso de Grecia, el sistema matrimonial es pluralista desde la ley de reforma matrimonial en 1982, que admite *el matrimonio civil y el religioso* según la forma de la Iglesia ortodoxa y en la de otras confesiones religiosas. Con anterioridad, se mantuvo una tradición de la nación helénica, que cualquier ciudadano que desease contraer matrimonio, pues era obligatoria la celebración del matrimonio religioso ortodoxo incluso hasta 1982, de suerte que otros matrimonios se consideraban inexistentes mientras no se celebrasen ante el ministro ortodoxo. El Código civil, 1940, mantuvo como necesaria a efectos civiles esta misma forma religiosa (art. 1367)[88].

En Irlanda, desde el Marriage (Ireland) Act 1844 el matrimonio puede celebrarse en forma civil o religiosa. En todos los casos, el matrimonio religioso debe ser inscrito, aunque la no inscripción no afecta a la validez del matrimonio. Los requisitos exigidos dependen de la afiliación religiosa, pero estos requisitos no son necesariamente los establecidos por el derecho interno de cada confesión. El matrimonio canónico, en general, no está regulado en las leyes, en cambio está regulado por el *common law* que le considera válido si está celebrado ante un sacerdote, sin importar para la validez

---

86   Santos Diez, J.L. en «El matrimonio religioso en los países de la Unión Europea», en *Anuario de Derecho Eclesiástico*, Vol XV, 1999. p. 228.

87   En el caso de Finlandia a persa de que el Estado no es aconfesional ni confesional, existe una estrecha relación legal e institucional entre el Estado y la Iglesia luterana, y entre el Estado y la Iglesia ortodoxa; hay en realidad dos iglesias de Estado, estas dos gozan de una situación de Derecho público a diferencia de las demás confesiones que lo son de derecho privado, en Heikkilá, M. Knuutila, J. Scheinin, M. *Estado e Iglesia en Finlandia,* en «Estado e Iglesia en la Unión Europea», Universidad Complutense Facultad de Derecho, Publicaciones, Madrid 1996, pp. 283-297.

88   Legislación matrimonial: *Código Civil* 15.3.1940 y 23.2.1946, reformas posteriores en Prader, G. *Il matrimonio nel mondo,* Padova, 1970, pp. 248-252.

civil que el matrimonio cumpla los requisitos de validez establecidos por el derecho canónico[89].

En el caso de Italia, El primer Código civil de Italia, 1866, estableció como válido ante el Estado un solo matrimonio, el matrimonio civil. Esta disciplina se debe, a una orientación ideológica y al deseo de asegurar una auténtica libertad religiosa en materia de matrimonio a todo ciudadano perteneciese al rito que fuera. Esta situación se mantuvo hasta los Acuerdos Lateranenses de 1929[90].

Por tanto, desde 1929, el matrimonio en Italia es de *sistema optativo,* ya que, puede celebrarse con eficacia civil no solo el *matrimonio civil* regulado por el Código civil, sino también el *matrimonio concordatario,* para aquellas personas que profesen la fe católica. Según el Concordato de 1929 y el Acuerdo de 1984, y el *matrimonio religioso* celebrado ante ministros de cultos reconocidos por el Estado por ley de 1929, en cuanto no haya sido modificada por los acuerdos recientes del Estado con cultos no católicos[91]. Por tanto, hay que distinguir entre la Iglesia católica y las confesiones minoritarias y dentro de estas entre aquellas que tienen Acuerdos y las que no los tienen.

En el caso de Portugal, el Código civil de 1867, el primero que se estableció, aparte de las normas sobre matrimonio civil, se reconocían los efectos civiles al matrimonio religioso de los católicos, como también la competencia exclusiva de los tribunales eclesiásticos en las causas de nulidad del mismo matrimonio (arts. 1609 y 1086); las demás personas habrían de contraer el matrimonio civil[92] .

---

89   CASEY, J. *Religious marriage and its civil effectiveness in Ireland,* en «Marriage and Religion in Europe» pp. 111-120. Y del mismo autor CASEY, J. *Estado e Iglesia en Irlanda,* en «Estado e Iglesia en la U. E.» pp. 149-171.

90   PRADER, G. *Il matrimonio...* ob cit. pp. 314-325. FERRARI, S. *Estado e Iglesia en Italia* en «Estado e Iglesia en la UE», 1996, pp. 173-194.

91   *Código Civil* (1942), arts. 79-230, cfr. Arts. 82 y 83. *Concordato* de 21.2.1929 art. 34 y su modificación por el art. 8 del *Acuerdo entre Santa Sede e Italia* de 18.2.1984. *Ley sobre matrimonios de cultos reconocidos* de 27 de mayo de 1929. *Convenios del Estado italiano con cultos no católicos:* Mesa Valdense, 1984; Iglesias Adventistas, 1986; Asambleas de Dios, 1986; Comunidades Judías, 1987; Unión Evangélica Baptista, 1993; Iglesia Evangélica Luterana, 1993.

92   CANAS, V. «Estado e Iglesia en Portugal», en *Estado e Iglesia en la UE,* 1996, p. 261-281.

El matrimonio civil quedó impuesto como obligatorio para todos por decreto de diciembre de 1910, el primero que firmaba la recién instaurada República en octubre de ese mismo año. Pero al firmarse el Concordato con la Santa Sede el 5 de mayo de 1940 el Estado portugués vuelve a reconocer eficacia civil al matrimonio realizado en forma canónica, incluso desde el momento de la celebración, siempre que la inscripción registral se realizase dentro de los siete primeros días[93]. El Código civil de 1966, reconoce esta facultad opcional de matrimonio religioso o civil; la validez civil del matrimonio en forma canónica, requiere que los contrayentes carezcan de impedimentos tanto canónicos como civiles (arts. 1587 y 1599-1670). En Portugal, bajo la vigencia de la Ley 4/71 de 21 de agosto de Libertad religiosa, de aplicación a las minorías religiosas, no se les reconocía la posibilidad de celebrar matrimonios con plena eficacia jurídica civil[94].

b) Eficacia Civil de las resoluciones eclesiásticas, de todos los países que se rigen por el sistema de matrimonio único con pluralidad de formas reconocen eficacia civil a las resoluciones eclesiásticas: España Italia, Portugal[95] y Malta, del que hablaremos más adelante. Es importante destacar que el reconocimiento se limita a las resoluciones dictadas por Tribunales de la Iglesia católica.

En Portugal, según se establece en el art. XXV del Concordato con la Santa Sede firmado el 7 de mayo de 1940 existe una reserva de jurisdicción a los tribunales eclesiásticos competentes, acerca de las causas de nulidad del matrimonio canónico y la dispensa del matrimonio rato y no consumado. Las sentencias de nulidad dictadas por tribunales eclesiásticos y las disoluciones de matrimonio rato y no consumado adquieren eficacia civil de forma automática, basta la comunicación por el Tribunal de la Signatura Apostólica al Tribunal portugués competente que es el de segunda instancia y será este quien ejecute la sentencia ordenando la inscripción en el Registro civil. De manera que está reconociendo dos jurisdicciones competentes, una para conocer matrimonio

---

93   Santos Díez, J.L. en «El matrimonio religioso… ob. cit. p. 214.

94   Canas, V. «Estado e Iglesia… ob. cit. p. 273.

95   Y más tarde Malta.

canónico: la de la Iglesia católica y otra, la del Estado, para conocer de los conflictos en los matrimonios civiles[96].

En el caso de Italia, el reconocimiento civil se limita a las sentencias de nulidad canónicas, no se reconoce eficacia civil a los supuestos de disolución del matrimonio rato y no consumado. la sentencia canónica no debe ser contraria a otra de un juez italiano y que no debe existir ante el juez italiano una causa pendiente entre las mismas partes y con el mismo objeto, existente antes de la ejecutividad canónica. Los requisitos cuya equiparación se exige son procesales.

Por último, en España el reconocimiento de eficacia civil a las resoluciones canónicas comprende al igual que en Portugal tanto las sentencias de nulidad como los supuestos de disolución de matrimonio rato y no consumado. Este reconocimiento no es automático, en este punto coincide con el sistema italiano, sino que es necesario que se verifique por un juez civil, a través de un procedimiento de homologación.

III. EL RECONOCIMIENTO DE LAS RESOLUCIONES CANÓNICAS

Dentro del ámbito del reconocimiento de documentos emanados de los tribunales extranjeros, es necesario hacer referencia específica al reconocimiento y ejecución de las decisiones canónicas que producen efectos civiles en los Estados de la Unión Europea. Se ha producido un cambio de criterio con respecto al ya desaparecido Convenio de Bruselas de 1968, sobre reconocimiento y ejecución de resoluciones en materia civil y mercantil. Este texto excluía la aplicación de las resoluciones judiciales referentes al Estado y capacidad de las personas físicas y regímenes matrimoniales entre otros.

Como ya hemos mencionado en el apartado anterior, algunos países de la Unión Europea, como son Portugal; Italia y España y más tarde Malta[97], las resoluciones de los tribuna-

---

96   CASTRO, A. «Sistema Matrimonial Vigente en ... ob. cit. p. 202.

97   RODRÍGUEZ CHACÓN, R. Ejecución de sentencias matrimoniales canónicas en España. Universidad Complutense de Madrid, Madrid. 1988, p. 616. El mismo autor en Efectos civiles en la Unión Europea de las decisiones canónicas de nulidad matrimonial (I). Revista de Derecho

les eclesiásticos pueden provocar efectos civiles. El reconocimiento de las resoluciones canónicas dentro del derecho de un Estado, está estrechamente relacionado con la eficacia que se otorgue al matrimonio en forma canónica.

Para la eficacia de las resoluciones canónicas, existe una doble vía: la particular y la general. En la primera, el Estado puede celebrar un Tratado con la Santa Sede. En la segunda, en el ámbito del derecho internacional, puede utilizarse la vía del *exequatur* o procedimiento general de las sentencias extranjeras[98].

En el derecho comparado es importante mencionar el ya derogado Reglamento 1347/2000 de 29 de mayo[99], en el que en los considerandos que preceden al texto se manifiesta que el objetivo del mismo, es contribuir al buen funcionamiento y acelerar la libre circulación de las resoluciones judiciales en materia civil[100]. El considerando número 9, al referirse al ámbito de aplicación del Reglamento establece un principio general en virtud del que quedan excluidos «los procedimientos de naturaleza puramente religiosa», y una excepción en el considerando 20 que según el cual, se deja a salvo el cumplimiento de las obligaciones internacionales ya asumidas antes de la inclusión de esta materia en el Tratado al que quedan obligados tres países España; Italia y Portugal. De ello se desprende que no es aplicable a posibles Concordatos que se firmen en el futuro ni a países que se integren en la Unión con Concordatos ya firmados, para que lo fuera habría que modificar el Reglamento[101].

Así las cosas, el 1 de marzo de 2006, se aprobó el Reglamento 2201/2003 del Consejo, de 27 de noviembre de 2003 también derogado, relativo a competencias, reconocimiento y ejecución de resoluciones judiciales en materia matrimonial y de responsabilidad parental por el que se derogó el ya mencionado Reglamento 1347/2000. Este reglamento mantenía las innovaciones de su predecesor, reproduciendo en

de Familia, doctrina, jurisprudencia, legislación, núm. 6, enero de 2000, pp. 265-306.

98   García Gárate, A. *El matrimonio canónico...* ob. cit. p. 50.

99   Derogado por el Reglamento 2201/2003 de 27 de noviembre del que más tarde hablaremos.

100   Considerando n.º 2.

101   Llamazares Fernández, D. *Derecho de la libertad de...* ob. cit. p. 270.

su art. 63 el contenido del art. 40 del Reglamento 1347/2000. De esta manera, cada Estado daba una respuesta autónoma e interna al reconocimiento de una sentencia de nulidad canónica, quedando así, restringidos los efectos civiles de las mismas a algún país de la Unión Europea.

Con la incorporación de Malta a la Unión Europea se produce la obligatoriedad de modificar el art. 63 del Reglamento 2201/2003 para introducir la mención del Acuerdo entre la Santa Sede y Malta sobre el reconocimiento de efectos civiles a los matrimonios canónicos y resoluciones de las autoridades y tribunales eclesiásticos por medio del Reglamento 2116/2004, de 2 de diciembre de 2004[102].

El contenido del Reglamento consagra el principio de reconocimiento y ejecución automática de las resoluciones civiles sobre sentencias de nulidad, separación o divorcio de los Estados miembros, con el fin de facilitar la libre circulación de las decisiones relativas a materia matrimonial, sin necesidad de recurrir al procedimiento de *exequatur*, todo ello, en virtud de la mutua confianza entre los Estados miembros.

A pesar de este reconocimiento automático, se permite que cuando el reconocimiento automático sea contestado, la parte interesada en la eficacia de la sentencia extranjera puede hacer que se compruebe la insuficiencia de los motivos que impiden su reconocimiento[103]. El capítulo III, sección I, arts. 21 a 27 del Reglamento establece la normativa sobre la ejecución automática de las sentencias extranjeras y con carácter restrictivo y de forma taxativa (art. 22) recoge una serie de excepciones al automatismo en el reconocimiento de estas decisiones, señalando que no se reconocerán:

a) Si el reconocimiento fuere manifiestamente contrario al orden público del Estado miembro requerido[104].

---

102 Reglamento (CE) n° 2116/2004 del Consejo, de 2 de diciembre de 2004, por el que se modifica el Reglamento (CE) n° 2201/2003 relativo a la competencia, el reconocimiento y la ejecución de resoluciones judiciales en materia matrimonial y de responsabilidad parental, por el que se deroga el Reglamento (CE) n° 1347/2000, en lo que respecta a los Tratados con la Santa Sede.

103 ALONSO, Y. «Un orden público en el reconocimiento de la eficacia civil de las sentencias de nulidad canónica» *Revista Internacional de Doctrina y Jurisprudencia*, Vol. 28, 2022, p. 83.

104 La fórmula utilizada en la redacción enfatizando «manifiestamente» permite interpretar el carácter restrictivo y restringido de la excepción

b) Si habiéndose dictado en rebeldía del demandado, no se hubiere entregado, notificado o trasladado al mismo el escrito de demanda o un documento equivalente de forma tal y con la suficiente antelación para que el demandado pueda organizar su defensa, a menos que conste de forma inequívoca que el demandado ha aceptado la resolución[105].

c) Si la resolución fuere inconciliable con otra dictada en un litigio entre las mismas partes en el Estado miembro requerido.

d) Si la resolución fuere inconciliable con otra dictada con anterioridad en otro Estado miembro, o en un Estado no miembro en un litigio entre las mismas partes, cuando la primera resolución reúna las condiciones necesarias para su reconocimiento en el Estado miembro requerido.

Por último, el 2 de julio de 2019 fue publicado el nuevo Reglamento 2019/1111, de 25 de junio de 2019[106], sobre competencia, reconocimiento y ejecución de resoluciones en materia matrimonial y de responsabilidad parental, así como sobre sustracción internacional de menores. Este texto permite tanto el reconocimiento automático de las resoluciones contempladas en los demás Estados miembros sin que se requiera ningún procedimiento especial y sin que sea posible oponerse a su reconocimiento (art. 43) como el reconocimiento de las sentencias de nulidad canónica emanadas de los tribunales de los países concordatarios (España: Italia; Portugal y Malta)[107].

---

de orden público.

105   Es preciso destacar que queda excluida la denominada rebeldía por conveniencia.

106   Entrando en vigor el 22 de julio de 2019.

107   El art 99 que establece que «*El presente Reglamento será aplicable sin perjuicio del Tratado internacional (Concordato) celebrado entre la Santa Sede y Portugal, firmado en el Vaticano el 18 de mayo de 2004.2. Cualquier resolución relativa a la nulidad de un matrimonio tomada en virtud del Tratado indicado en el apartado 1 se reconocerá en los Estados miembros en las condiciones previstas en el capítulo IV, sección 1, subsección 1.3. Las disposiciones de los apartados 1 y 2 serán también aplicables a los siguientes Tratados internacionales con la Santa Sede:*

Quizás se echa en falta que el legislador comunitario no haya abordado la ampliación nominativa de países concordatarios ausentes en las anteriores regulaciones y que tienen suscritos tratados con la Santa Sede[108].

---

a) "Concordato lateranense" de 11 de febrero de 1929 entre Italia y la Santa Sede, modificado por el Acuerdo, y su Protocolo adicional, firmado en Roma el 18 de febrero de 1984;
b) Acuerdo de 3 de enero de 1979 entre la Santa Sede y España sobre asuntos jurídicos;
c) Acuerdo entre la Santa Sede y Malta sobre el reconocimiento de efectos civiles a los matrimonios canónicos y las resoluciones de las autoridades y tribunales eclesiásticos sobre dichos matrimonios, de 3 de febrero de 1993, incluido el Protocolo de aplicación de la misma fecha, junto con el tercer Protocolo adicional, de 27 de enero de 2014.4. El reconocimiento de las resoluciones a las que se refiere el apartado 2 podrá someterse en España, en Italia o en Malta a los mismos procedimientos y comprobaciones aplicables a las resoluciones dictadas por los tribunales eclesiásticos con arreglo a los Tratados internacionales celebrados con la Santa Sede a los que se refiere el apartado 3».

108 Como son como Eslovenia; Estonia; Hungría; Letonia; Lituania; Polonia y Eslovaquia.

CAPÍTULO IV.

LA VIGENCIA DEL MATRIMONIO CANÓNICO EN EL DERECHO ESPAÑOL

I. ANTECEDENTES HISTÓRICOS

1.1. Introducción

La cristianización de los pueblos en la Península Ibérica en el Imperio Romano se produjo de una manera más lenta que en comparación con el resto de provincias romanas, no se inició hasta finales del S.III. En España la situación era muy parecida al resto de territorios occidentales del Imperio Romano, su implantación y desarrollo sufren las mismas persecuciones y tolerancias descritas en el apartado anterior. A partir del siglo IV, con el reconocimiento del cristianismo como religión oficial del Imperio, se produce un proceso de organización interna de la Iglesia española. Tal es así, que en el año 306 se encuentra en disposición de reunir el primer concilio nacional, el Concilio de Ilibiris, que abordó problemas que corresponden a una Iglesia que se encontraba en pleno desarrollo[109].

La crisis abierta en el Imperio Romano a finales del siglo IV y principios del V obliga a las autoridades a permitir la

---

109 Relaciones entre judíos y cristianos, y la lucha contra las costumbres paganas.

llegada de los pueblos bárbaros[110]. En el caso de España, los visigodos representan una minoría frente a la población romano-cristiana. En un primer momento, ambas sociedades viven separadas, los visigodos ostentaban el poder político y militar, pero dejando libertad a los romano-cristianos gobernados por la Iglesia que ya se encontraba asentada. Un hecho fundamental para entender la expansión del cristianismo es el año 587, que permite la unidad político religiosa de España, reafirmada por el III Concilio de Toledo en el año 589, en el que no solo se proclamó esta unidad, sino que se reestableció la disciplina y costumbres canónicas, ya que se abjuró oficialmente del arrianismo y que supuso la integración de los hispanorromanos, dirigidos por obispos y abades, en la maquinaria estatal puede hablarse de confusión entre Iglesia y Estado en el mundo visigodo[111].

Se inicia así en España una estrecha unión entre la Iglesia y la monarquía. De esta relación ha surgido un derecho común y una organización administrativa y política que se manifiesta en numerosas normas estatales que tendrán como objetivo regular el hecho religioso, si se puede observar que la postura hacia la Iglesia católica es el reconocimiento en la mayoría de las constituciones de la confesionalidad católica. Un ejemplo lo encontramos en las Constituciones de 1812; 1837 y 1848 que, de una manera clara, tutelan la unidad católica de España.

1.2. El matrimonio canónico en España antes de la Ley de 1870

Como bien señala O'CALLAGHAN con anterioridad al siglo XIX el matrimonio civil en España era una institución desconocida[112]. España fue una de las excepciones al proceso secularizador que había iniciado la reforma luterana, no será hasta la segunda mitad del Siglo XIX que se inicie el proceso de secularización del matrimonio. Hasta ese momento, los cánones del Concilio de Trento sobre materia matrimonial,

---

110 Esta obligación tiene como fin de que colaborasen en la protección de las fronteras.

111 MARTÍN J.L. *Historia de España,* Austral, tomo III, Barcelona, 2004, p. 214.

112 O'CALLAGHAN, X. *Compendio de Derecho Civil*. Tomo IV. Derecho de Familia. pp. 23 y 24.

aceptados como Leyes del Reino por la Real Cédula de Felipe II de 12 de julio de 1564, habían constituido la legislación matrimonial[113]. Hubo que esperar hasta el trienio liberal[114] para que hubiese en las Cortes opiniones en el sentido de que el matrimonio no pertenece a la autoridad de la Iglesia porque su materia es un contrato. El proyecto de Código de 1851 atribuido a García Goyena[115], iba a suponer un retroceso en el proceso secularizador, ya que, en su art. 48 establecía que «*El matrimonio ha de celebrarse según disponen los cánones de la Iglesia católica, admitidos en España*». Progresivamente el matrimonio civil se convertirá en un arma política, así tras la revolución de 1868 se presentaba un proyecto de ley en el que tras afirmarse que el matrimonio es perpetuo e indisoluble que «*el matrimonio que no se celebre con arreglo a las disposiciones de esta ley, no producirá efectos civiles*». Por lo que se introduce de esto modo un sistema de matrimonio civil obligatorio.

1.3. El matrimonio canónico con posterioridad a la Ley de 1870

Como hemos visto en el apartado anterior, las siete primeras décadas del siglo XIX, casarse en España equivaldría a casarse por la Iglesia, es decir, conforme a las disposiciones del Concilio de Trento. Un primer intento de cambio, se produce con de la Constitución de 1869 que hizo posible la regulación del matrimonio civil y del Registro Civil. El art. 332 del Código civil de 1889 declaró subsistente la Ley de 17 de junio de 1870 en lo relativo al Registro Civil. La sustitución de los registros parroquiales por la nueva ley fue muy importante[116].

---

113 Existen Reales Ordenes y Decretos de la Corona, pero generalmente hacían referencia a cuestiones relativas a menores (licencias, consejos, etc.).

114 1820-1823.

115 Conocido como Proyecto García Goyena, el Proyecto de Código Civil español de 1851 ejerció un considerable influje sobre el vigente Código Civil español, hasta el punto de que la Base 1.ª de la Ley de Bases del Código civil se remite expresamente a él «*en cuanto se haya contenido en éste el sentido y capital pensamiento de las instituciones civiles del derecho histórico patrio*».

116 En Francia el art. 7 de la Constitución de 1791, ya había secularizado el matrimonio al afirmar que «*el Derecho contempla el matrimonio únicamente como un contrato civil*». La propia Constitución también

La Ley de matrimonio civil de 18 de junio de 1870 declara el matrimonio civil como indisoluble[117]. La plena vigencia de esta ley fue corta porque después de la restauración borbónica, el Decreto de 9 de febrero de 1875, firmado por Antonio Cánovas del Castillo y siendo Ministro de Gracia y Justicia Francisco de Cárdenas, vino a rebajar lo establecido en la ley del matrimonio civil al recoger efectos retroactivos plenos a los matrimonios canónicos celebrados desde la entrada en vigor de la Ley de 1870. Restablecía también como forma legal el matrimonio canónico, y dejaba a la vía civil como excepcional, únicamente para aquellos casos que los contrayentes declarasen no profesar la religión católica[118].

Cobra especial relevancia en la implantación del matrimonio civil en España la política legislativa, aunque de escasa vigencia del gobierno de la II República en 1931. El cambio político producido por el advenimiento de la República no tardó en incidir sobre el precepto nuclear del sistema matrimonial. La Ley de 28 de junio de 1932 signada por el Presidente de la República Niceto Alcalá Zamora y Torres, siendo Ministro de Justicia Álvaro de Albornoz y Liminiana, instauraba de nuevo en España el sistema de matrimonio civil obligatorio para todos los contrayentes, al indicar en su artículo primero que: *«A partir de la vigencia de la presente Ley, sólo se reconoce una forma de matrimonio, el civil...»*[119]. Los efectos civiles se producirán por tanto tan sólo cuando la celebración haya tenido lugar en la forma prescrita en el

---

dispuso que se estableciese un Registro civil uniforme en el que se inscribiese el estado civil de todos los ciudadanos.

117   Publicado en la *Gaceta de Madrid* (172). 21 de junio de 1870. En su art. 1 establecía que el *«matrimonio es, por su naturaleza, perpetuo e indisoluble»* en el mismo sentido el art. 83 establecía que: *«el divorcio no disuelve el matrimonio, suspendiendo tan sólo la vida común de los cónyuges y sus efectos».* Mientras que el art. 84 prohibía la separación convencional de hecho, exigiendo el mandato judicial.

118   Es interesante sobre este tema y muy ilustrativo las palabras de MARAÑÓN, M. *Memoria leída en la sesión del día 1-XII-1876 en la Academia Matritense de Jurisprudencia y Legislación,* en «Revista General de Legislación y Jurisprudencia», 50 (1877), p. 26 que manifiesta *«El matrimonio civil aparece en una palabra como una exigencia para la nueva vida social, al decir de ciertos pensadores, y se implanta en algunos Estados tal institución, cuyo origen y larga historia tratan de descubrir sus defensores penetrando aun en los más profundos misterios de los primeros tiempo».*

119   Publicado en la Gaceta el 3 de julio de 1932.

art. 100 del CC, al cual se remitía la ley de 1932. El legislador republicano va más allá de donde había llegado el legislador en 1870 e introduce la disolubilidad del matrimonio por la ley de 2 de marzo de ese mismo año[120].

Con la aparición de la Guerra Civil y la llegada del Régimen de Franco, la ley de Matrimonio civil es derogada por la de 12 de marzo de 1938[121], se restablece la vigencia del art. 42 del Código civil. Posteriormente la Orden del Ministerio de Justicia de 10 de marzo de 1941 vendría a convertir el sistema matrimonial en rigurosamente subsidiario[122].

La ley de 24 de abril de 1958 realiza una de las más importantes reformas del Código civil, dando una nueva redacción al art. 42, el objetivo de la reforma según la exposición de motivos era el acomodar la legislación matrimonial Al Concordato de 1953 suscrito entre el Gobierno español y la Santa Sede quedando el art. 42 en los siguientes términos: «La *ley reconoce dos clases de matrimonio: el canónico y el civil. El matrimonio habrá de celebrarse canónicamente cuando uno al menos de los contrayentes profese la religión católica. Se autoriza el matrimonio civil cuando se pruebe que ninguno de los contrayentes profese la religión católica»*[123].

El Concilio Vaticano II provocó una reforma en 1969[124], dando una nueva redacción a determinados artículos del

---

120 Que en su art. 1.º declaraba disolubles por divorcio todos los matrimonios contraídos hasta entontes, «*cualesquiera que hubiera sido la forma y fecha de su celebración*».

121 BOE de 21 de marzo de 1938.

122 Según la Orden «*los jueces municipales no autorizarán otros matrimonios civiles que aquéllos que habiendo de contraerse por quienes no pertenezcan a la religión católica, se pruebe documentalmente la acatolicidad de los contrayentes o, en el caso de que esta prueba documental no fuera posible, presenten una declaración jurada de no haber sido bautizados, a cuya exactitud se halla ligada la validez y efectos civiles de los referidos matrimonios*». Cuya vigencia se reitera en la Ley de 23 de septiembre de 1939 derogatoria de la del Divorcio civil (BOE de 5 de octubre de 1939).

123 Es importante destacar como el legislador introduce la expresión clases de matrimonio en sustitución de forma como se venía utilizando en la anterior redacción del art. 42 para rebajar el valor dentro del sistema matrimonial, de la forma de celebración. En SALVADOR, C. «Notas sobre la evolución del sistema matrimonial español» en *Anuario de Derecho civil*, vol.23 n.º 2-3, 1979, p. 407.

124 Mediante el Decreto de 22 de mayo de 1969.

Reglamento del Registro civil[125]. Esta reforma otorgó cierta flexibilidad en cuanto a la autorización del matrimonio civil entre bautizados. Bastaba la comunicación de abandono de la fe católica al párroco del domicilio, o la certificación a la adscripción a otra confesión[126].

La desaparición en la Constitución de 1978 de la confesionalidad del Estado, que sin establecer un sistema determinado se consagro una serie de derechos fundamentales y principios jurídicos que la hacen incompatible con el régimen anterior[127].

II. SISTEMA VIGENTE

Como hemos mencionado en el apartado anterior, la Constitución actual no establece un determinado sistema matrimonial. La cuestión fue ampliamente debatida, pero la necesidad de una actualización de la normativa española era un hecho, aunque no existiese en la doctrina unanimidad en las directrices de dicha actualización. Frente a la opinión mayoritaria de la conversión de nuestro sistema matrimonia en facultativo, con un reconocimiento de dos clases de matrimonio, el civil y el canónico. También había opiniones de establecer un sistema de matrimonio civil obligatorio acogiéndose a los principios de aconfesionalidad del Estado[128]. El triunfo de la en la Comisión de Constitución de la parte moderada, lograba introducir un sistema de plu-

---

125 Lo que se pretendía era acomodar los documentos del Concilio Vaticano II al sistema matrimonial dada la confesionalidad del Estado español y cumplir con la denominada Ley de libertad religiosa e 1967.

126 GARCÍA GÁRATE, A. *El matrimonio canónico...* ob. cit. p. 67.

127 Entre ellos el principio de laicidad, libertad religiosa o el principio de unidad y exclusividad jurisdiccional del Estado. Interesante la intervención de Roca Junyent «*estamos en un Estado que lo único que pretende regular son sus leyes civiles y no quiere inmiscuirse en los temas propios de las cuestiones religiosas, porque también ha constitucionalizado la plena libertad religiosa. Por lo tanto, lo que vamos a regular es el matrimonio desde la perspectiva civil y desde los únicos efectos civiles que no es dable dar en una sociedad civil como es la del Estado en este momento*» en Diario de Sesiones del congreso de los Diputados, Comisión de Asuntos Constitucionales y Libertades Públicas, sesión núm. 11, de 23 de mayo de 1978, p. 2620.

128 El anteproyecto constitucional la materia relativa al sistema matrimonia se contenía en el número 2.º del art. 39 «*El derecho civil regulará*

ralidad de formas, apartando la obligatoriedad de la forma civil[129]. La Constitución de 1978 reserva a la Ley su desarrollo: «1. *El hombre y la mujer tienen derecho a contraer matrimonio con plena igualdad jurídica. 2. La ley regulará las formas de matrimonio, la edad y capacidad para contraerlo, los derechos y deberes de los cónyuges, las causas de separación y disolución y sus efectos*». Estas bases se completan por el artículo VI del Acuerdo con la Santa Sede sobre Asuntos Jurídicos, firmado el día 3 de enero de 1979, en cuyo apartado primero se convino: «*El Estado reconoce los efectos civiles al matrimonio celebrado según las normas del Derecho Canónico. Los efectos civiles del matrimonio canónico se producen desde su celebración. Para el pleno reconocimiento de los mismos será necesaria la inscripción en el Registro civil, que se practicará con la simple presentación de certificación eclesiástica de la existencia del matrimonio*». Así, pues, el Acuerdo Jurídico ha continuado fiel a lo pactado en 1953, aunque eliminando, en congruencia con la Constitución, lo dispuesto en los apartados B), C) y D) del Protocolo final del Concordato[130].

El único sistema matrimonial posible conforme a la Constitución vigente es el facultativo o electivo entre el matrimonio civil y los previstos por iglesias y confesiones religiosas[131]. En este sentido, la reforma producida con la Ley de 7 de julio de 1981, sobre reforma del matrimonio mediante nueva redacción del Título IV, Libro I, del Código civil, esta-

---

la(s) forma(s) del matrimonio, los derechos y deberes de los cónyuges, las causas de separación y disolución y sus efectos».

129   El texto del anteproyecto constitucional aparece regulado en el art. 27.1.º que repetía casi literalmente el art. 39 salvo en los relativo a la supresión de la dualidad «forma» o «formas»: «*El Derecho civil regulará las formas del matrimonio...*».

130   Protocolo final del Concordato de 1953 en relación con el art. XXIII: «*B) Las normas civiles referentes al matrimonio de los hijos, tanto menores como mayores, serán puestas en armonía con lo que disponen los cánones 1.034 y 1.035 del Código de Derecho Canónico. C) En materia de reconocimiento de matrimonio mixto entre personas católicas y no católicas, el Estado pondrá en armonía su propia legislación con el Derecho Canónico. D) En la reglamentación jurídica del matrimonio para los no bautizados no se establecerán impedimentos opuestos a la ley natural.*»

131   En mi opinión, en la actual Constitución deja claro que deben reconocerse tantos tipos de matrimonio como exija la pluralidad de creencias presentes en la sociedad española y que admita el orden público.

bleció para los españoles la libertad de contraer el tipo de matrimonio que escogieran, sin estar sujeto a vinculaciones religiosas, pudiendo optar entre:

1. Celebrarlo ante el Juez o funcionario señalado por el Código.

2. En la forma religiosa prevista por una confesión religiosa inscrita en el Registro de Entidades Religiosas.

3. Según las normas del Derecho Canónico.

La legislación matrimonial se volvió a modificar en el año 1992 ampliándose la celebración en forma religiosa a confesiones diferentes de la Iglesia católica aprobado por las siguientes leyes:

a) La Ley 24/1992, de 10 de noviembre por el que se aprueba el Acuerdo de Cooperación del Estado con la Federación de Entidades Religiosas de España.

b) La Ley 25/1992, de 10 de noviembre por la que se aprueba el Acuerdo de Cooperación del Estado con la Federación de Comunidades Israelitas de España[132].

c) La Ley 26/1992, de 10 de noviembre por la que se aprueba el Acuerdo de Cooperación del Estado con la Comisión Islámica de España.

Por último, esta legislación ha sido modificada por la LJV que ha afectado a los Acuerdos y varias disposiciones del Código civil.

III. LOS EFECTOS CIVILES DE LAS SENTENCIAS DE NULIDAD. LA DECLARACIÓN DE AJUSTE AL DERECHO DEL ESTADO

La firma del Acuerdo de Asuntos Jurídicos entre el Estado español y la Santa Sede de 3 de enero de 1979 en cumplimiento del principio de cooperación que recoge el art. 16.3 CE, otorga una especial consideración del régimen jurídico del matrimonio canónico en el ordenamiento jurídico civil.

---

132   Esta Ley pasa a denominarse «Ley 25/1992, de 10 de noviembre, por la que se aprueba el Acuerdo de Cooperación del Estado con la Federación de Comunidades Judías de España», según establece la disposición final 6.1 de la Ley 15/2015, de 2 de julio.

En concreto el art. VI del mencionado acuerdo reconoce los efectos civiles a la celebración religiosa del matrimonio canónico, con ello el Estado está reconociendo los efectos civiles desde su celebración aunque es necesaria la inscripción en el Registro civil para el pleno reconocimiento de los mismos[133].

A tenor del libre y público ejercicio de la actividad jurisdiccional por parte de la Iglesia católica, esto llevado al campo del derecho matrimonial en el art. VI apartado 2 contempla el derecho de que las personas que hayan contraído matrimonio canónico puedan acudir a los tribunales eclesiásticos demandando la nulidad o disolución de matrimonio rato y no consumado[134]. En la actualidad, el Estado no reconoce a los Tribunales eclesiásticos una competencia única y exclusiva sobre las causas matrimoniales[135], solo reconoce una competencia parcial y siempre sometida al control del Estado, de modo que los contrayentes podrán acudir a los Tribunales eclesiásticos solicitando la declaración de nulidad o pedir decisión pontifica de matrimonio rato y no consumado[136].

El art. VI. 2 se completa con «*dichas resoluciones eclesiásticas tendrán eficacia en el orden civil si se declaran ajustadas al Derecho del Estado en resolución dictada por el Tribunal Civil competente*». Este reconocimiento como ya se ha manifestado en apartados anteriores no tiene un reconocimiento automático, ya que nos encontramos con una sentencia que ha sido emanada de un tribunal distinto de la jurisdicción

---

133   Art. VI.1 AJ: «El Estado reconoce los efectos civiles al matrimonio celebrado según las normas del Derecho Canónico. Los efectos civiles del matrimonio canónico se producen desde su celebración. Para el pleno reconocimiento de los mismos, será necesaria la inscripción en el Registro Civil, que se practicará con la simple presentación de certificación eclesiástica de la existencia del matrimonio».

134   Art. VI.2 AJ «*Los contrayentes, a tenor de las disposiciones del Derecho Canónico, podrán acudir a los Tribunales Eclesiásticos solicitando declaración de nulidad o pedir decisión pontificia sobre matrimonio rato y no consumado...*».

135   Anteriormente el Concordato de 1953 celebrado entre la Santa Sede y el Estado reconocía la competencia exclusiva de la autoridad eclesiástica en materia de separación, nulidad y disolución del matrimonio canónico y la automática ejecutoriedad civil de estas decisiones (art. XXIV.1 Concordato).

136   Muy ilustrativo LEAL, M. *Resoluciones pontificas sobre matrimonio rato y no consumado. Nulidad y disolución del matrimonio*. Córdoba, 2007. pp. 137-142.

civil exclusiva[137]. Por tanto, estamos ante un reconocimiento de una sentencia extranjera que por sí solo no constituye título de ejecución en nuestro país, salvo que la autoridad judicial competente se la conceda[138].

Surge la aquí a problemática de qué se entiende por la cláusula denominada «*ajuste al Derecho del Estado*» ¿Está el Juez civil habilitado para realizar un examen de fondo de la resolución a homologar o tan solo debe examinar el cumplimiento de los requisitos formales mencionados apartados anteriores[139]?

Hay autores que entienden que dentro del procedimiento civil se debe entrar a examinar el fondo para valorar si la causa aducida coincide o no con las posibles causas aducidas en los procesos civiles[140]. Por el contrario, otros autores estiman que el juez civil únicamente debe limitarse a realizar un mero análisis formal de los requisitos del denominado proceso de *exequatur*[141], y no puede efectuar una revisión del fondo sobre el Derecho aplicado por el juez del Estado de origen, ni la valoración de los hechos, en este caso, sobre el contenido de la sentencia eclesiástica coincide o no con la que hubiera recaído de haberse aplicado las causas civiles de nulidad y disolución (arts. 73-80 CC.) limitándose tan solo a comprobar si resulta conforme a las condiciones enumeradas en el art. 954 LEC.

---

137 Así lo establece el art. 117.3 de la Constitución que establece que: «*solo el Poder Judicial español ejerce la jurisdicción dentro de los límites de la soberanía del Estado*». En el mismo sentido el art. 22.1.º LOPJ recoge que «*la potestad para reconocer y ejecutar en territorio español resoluciones judiciales y decisiones dictadas en el extranjero, corresponde a los jueces y tribunales españoles*».

138 Es interesante la sentencia Tribunal Constitucional que estimó vulnerado el derecho a la tutela judicial efectiva en la negativa de Juez civil a la ejecución de una sentencia canónica, cuando la misma se regía, por imperativo del art. VIII.2 AJ, por el art. XXIV del Concordato de 1953, que preveía el automatismo en el reconocimiento de las resoluciones dictadas por los tribunales eclesiásticos STC 66/1982 de 12 de noviembre.

139 Ver el punto del reconocimiento de las resoluciones canónicas.

140 En este sentido LEAL, M. en «Eficacia de las sentencias canónicas de nulidad en los ordenamientos español y portugués: análisis normativo y jurisprudencial comparado», en *Anuario de Derecho Eclesiástico del Estado*, 26, 2010, p. 795.

141 En este sentido RODRÍGUEZ CHACÓN, R. Ejecución de sentencias matrimoniales...ob.cit. p. 616.

También, otros autores dan una situación alternativa, entienden que no debe ser viable realizar un juicio o examen de fondo sobre la resolución que se quiere homologar si lo que se pretende a través de la cláusula de ajuste de derecho es buscar una coincidencia con los supuestos de nulidad que recoge el código civil, en donde el canon 1095 no tiene su homologo dentro del Código Civil[142], por lo que no resulta adecuado que quede supeditado dicho reconocimiento a la revisión de fondo y a una coincidencia dentro del ámbito civil. Por lo que no debe buscarse una identidad material o sustancial entre las causas por las que se declara nulo un matrimonio religioso y un matrimonio civil a la hora de efectuar la homologación de aquella. Así, ha sido recogida la prohibición de efectuar una revisión de fondo en el art. 48 de la Ley 29/2015, de 30 de julio, de Cooperación Jurídica Internacional en materia civil, estableciendo que «*En ningún caso la resolución extranjera podrá ser objeto de una revisión en cuanto al fondo. En particular, no podrá denegarse el reconocimiento por el hecho de que el órgano judicial extranjero haya aplicado un ordenamiento distinto al que habría correspondido según las reglas del Derecho Internacional privado español*»[143].

---

142 Peña García, C. *Matrimonio y causas de nulidad en el Derecho de la Iglesia.* Universidad Pontificia de Comillas, 2018.

143 Muy ilustrativa la exposición que hace Alonso, Y. «Un orden público en el reconocimiento de la eficacia...» ob.cit. p. 77.

PARTE II.

LA REGULACIÓN JURÍDICA DEL MATRIMONIO CANÓNICO

CAPÍTULO V.

EL MATRIMONIO CANÓNICO: CUESTIONES PRELIMINARES

I. INTRODUCCIÓN

1.1. El derecho matrimonial canónico

El matrimonio precede al Derecho; al menos, al Derecho positivo, por ser una realidad inherente a la naturaleza personal y social del hombre. Las características de su constitución están determinadas por el Derecho natural. En la historia del Derecho Europeo el Derecho Canónico formó, como hemos visto, con el Derecho Romano, el Derecho Común Medieval (*ius commune*), de aplicación subsidiaria, pero fundamental para el progreso de la Ciencia Jurídica. Desde entonces, el Derecho matrimonial canónico ha tenido un fuerte arraigo en la Europa mediterránea e Iberoamérica, avalado, en ocasiones, por Acuerdos o Concordatos suscritos con la Santa Sede. El Derecho matrimonial canónico, tiene relevancia jurídico-positiva en España en virtud de lo dispuesto en el Acuerdo sobre asuntos jurídicos entre la Santa Sede y el Estado español (3 de enero de 1979) y en la Ley 30/1981, de 7 de julio, que reformó el Título IV del Libro I del Código Civil, introduciendo modificaciones sustanciales en la regulación civil matrimonial.

Se puede definir como derecho matrimonial canónico, como el conjunto de normas jurídicas promulgadas por la Iglesia Católica, que regulan el matrimonio de los cristianos. Al hilo de esta definición es preciso realizar tres apreciaciones.

En primer lugar, se trata por tanto de un conjunto de normas jurídicas, es decir, dotadas de imperatividad, que imponen la necesidad de su cumplimiento, lo que significa que de su observancia o contravención acarrea efectos jurídicos, otorgando validez o invalidez de las relaciones jurídicas surgidas a su amparo. Se quedan fuera del contenido de este sistema normativo, por no ser normas jurídicas, aquellos principios doctrinales que, si bien ilustran la concepción cristiana del matrimonio y se dirigen a la proyección moral de la vida durante el matrimonio, no están previstas de eficacia jurídica en el sentido anterior.

En segundo lugar, la procedencia de estas normas es la Iglesia Católica, al ser la única competente para disciplinar el matrimonio de sus fieles en consonancia con el Derecho divino.

Por último, el derecho matrimonial canónico, se caracteriza porque los destinatarios de sus normas son, con carácter general, todos los bautizados, sin que puedan aplicarse estas normas eclesiásticas, a quienes no se han incorporado a la Iglesia mediante el bautismo.

1.2. Definición de matrimonio canónico

Aunque no se trata de una definición de matrimonio, esta puede extraerse del can. 1055 que establece que: «*Un consorcio de toda la vida constituido entre varón y mujer, mediante el pacto matrimonial, ordenado por su misma índole natural al bien de los cónyuges y de la generación y educación de la prole*».

Estudiamos aquí los elementos que constituyen esta definición:

a) El legislador, conectando con la tradición jurídico-canónica ha utilizado el término consorcio[144]. Esto significa, que una de sus características es la comunidad y el carácter personalista del matrimonio. Este consor-

---

144 Debe interpretarse de acuerdo con la doctrina conciliar por las expresiones «íntima comunidad de vida y amor», «íntima unión en cuanto a donación mutua de dos personas» Gaudium et spes , n.º 48.

cio matrimonial entre dos personas, hombre y mujer, implica una relación jurídica en la que ambos se constituyen en cónyuges.

b) Este consorcio solo puede tratarse entre un hombre y una mujer, se trata, por tanto, de una unión heterosexual y monógama. Esto quiere decir que el matrimonio está abierto a la paternidad y maternidad en cuanto a término natural a los que tiende la virilidad y feminidad[145].

c) La finalidad de este consorcio son dos, el bien de los cónyuges y la generación y educación de la prole.

d) Es un consorcio de toda la vida, en cuanto a relación jurídica se traduce en *ius ad viate conmunionem* o derecho a la comunidad conyugal entendido, no sólo como derecho a la cohabitación o participación en el mismo hogar, sino como comunicación plena en los diversos elementos perfectivos de la persona, así como en las vicisitudes de sus vidas[146].

e) El matrimonio canónico tiene la consideración de sacramento[147]. Esta doctrina fue definida dogmáticamente en los Concilio de II de Lyon (1274) y de Florencia (1439-1441), al incluir el matrimonio entre los siete sacramentos de la Nueva Ley y sancionada en el Concilio de Trento y recordada en innumerables ocasiones por los diferentes pontífices[148]. Siguiendo esto el can. 1055.1 declara «*la alianza matrimonial... fue elevada por Cristo Señor a la dignidad de sacramento entre bautizados*».

---

145   En este sentido HERVADA, J. y LOMBARDIA, P. *El Derecho del Pueblo...* ob. cit. pp. 23-65.

146   Según la sentencia c. Anné de 25 de febrero de 1969 «*en el matrimonio in facto esse, puede faltar la comunidad de vida, pero nunca puede faltar el ius ad communitatem vitae*» v. 61, p. 183.

147   Esto tiene su origen en la concepción paulina del matrimonio, contenida en la epístola a los cristianos de Efeso que se resume en «*Sacramentum hoc magnum est; ego autem dico in Chisto et in Ecclesia*» (Eph. V.32), sin que el término utilizado sea en el original griego (*mysterion*) suponga un obstáculo a la consideración sacramental del matrimonio, puesto que la misma Iglesia griega aceptó aquel término en sentido de sacramento. Véase en De Smet, Al. *De sponsalibus et matrimonio,* Brugis, 1927, pp. 142-148.

148   DENZINGER, H. *El magisterio de la Iglesia,* traducción al castellano de Ruiz Bueno, Barcelona, 1955, p. 702.

1.3. Terminología legal

El vigente Código en su canon 1061 utiliza diferente terminología para referirse al matrimonio, dependiendo del aspecto que se quiera destacar, pero en ningún caso puede hablarse de diferentes tipos o clases de matrimonio[149]. De esta forma distingue en:

a) Matrimonio válido, es aquel en el que se dan los requisitos de capacidad, forma y consentimiento.

b) Matrimonio inválido, es aquel en el que falta alguno de los requisitos anteriormente descritos.

c) Matrimonio putativo, es aquel matrimonio que siendo inválido fue celebrado de buena fe al menos por uno de los contrayentes hasta que ambos adquirieron certeza de su nulidad.

d) Matrimonio rato, es aquel matrimonio que habiéndose celebrado en forma legítima todavía no ha sido consumado, este tipo de matrimonio sería disoluble.

e) Matrimonio rato y consumado, se trata de un matrimonio válido de dos bautizados, (matrimonio rato), en el que se ha producido la consumación, realización del acto conyugal dirigido a la generación (matrimonio consumado). El matrimonio rato y consumado produce la indisolubilidad extrínseca, de modo que no puede ser disuelto por ninguna causa, fuera de la muerte, ni por ninguna potestad humana. Existe tal y como recoge el canon 1061.2 una presunción *iuris tantum,* que una vez celebrado el matrimonio, si los cónyuges han cohabitado, se presume la consumación del mismo.

---

149 C.1061 recoge que: El matrimonio válido entre bautizados se llama sólo rato, si no ha sido consumado; rato y consumado, si los cónyuges han realizado de modo humano el acto conyugal apto de por sí para engendrar la prole, al que el matrimonio se ordena por su misma naturaleza y mediante el cual los cónyuges se hacen una sola carne. 2. Una vez celebrado el matrimonio, si los cónyuges han cohabitado, se presume la consumación, mientras no se pruebe lo contrario. 3. El matrimonio inválido se llama putativo, si fue celebrado de buena fe al menos por uno de los contrayentes, hasta que ambos adquieran certeza de la nulidad.

II. NATURALEZA DEL MATRIMONIO

2.1. Naturaleza contractual

Para la Iglesia católica el matrimonio es un contrato. Como consecuencia de ello contiene todas las características predicables de dicha condición: ha de haber sujetos, consentimiento, forma y causa. Ello supone la admisión de un negocio jurídico, a partir del cual ha de entenderse constituido el régimen jurídico matrimonial[150].

El otorgamiento del consentimiento se ha considerado por parte de la doctrina canónica como una modalidad especial de contrato. Aunque el Código de 1983 utiliza en menor medida el término contrato que el de 1917, el matrimonio puede interpretarse como un contrato. El consentimiento matrimonial es una declaración de voluntades, mutua y bilateral entre dos personas de distinto sexo con capacidad suficiente para la celebración del matrimonio y como consecuencia, una vez celebrado, surgen unos efectos jurídicos.

La teoría contractualista, encierra, de una parte, una gran verdad, pero, de otra, también un gran peligro que ya desde ahora conviene advertir; para eludir dicho peligro no se pueden ignorar dos hechos fundamentales: por un lado, que no se trata de un contrato cualquiera y, por otro, que no sólo es un contrato[151].

El primero, siguiendo la técnica jurídica tradicional el contrato matrimonial debe calificarse como un contrato puramente consensual, es decir, se perfecciona con el consentimiento de las partes *«legítimamente manifestado entre personas jurídicamente hábiles»*[152].

El segundo, si el objeto del consentimiento es la creación de un consorcio de vida conyugal, se entiende que no

---

150 Esto constituye un cambio de la concepción romana del matrimonio, en cuanto situación duradera no referible a un modo concreto de constitución y cuyo mantenimiento implicaba la perduración de la *affectio maritalis* en GONZÁLEZ DEL VALLE, J.M. *Derecho canónico matrimonial,* Pamplona, 1985, pp. 20-21.

151 CATALÁ, S. y LÓPEZ, R. *Amor conyugal y nulidad del matrimonio canónico,* Madrid. 2020, p. 30.

152 Can.º 1075.

se puede asimilar a otros contratos como la compraventa, el arrendamiento, a la prestación de servicio, etc. El mero hecho de compartir la sexualidad, que es lo más íntimo del ser humano, evidencia que no estamos ante un contrato al uso[153].

2.2. Carácter sacramental

El matrimonio en la mayor parte de las culturas y religiones ha sido investido con un carácter religioso, para la Iglesia católica es especialmente relevante, el propio Juan Pablo II en la Exhortación apostólica *Familiaris consortio* escribió que el sacramento del matrimonio tiene la peculiaridad de ser el sacramento de una realidad que existe ya en la economía de la creación[154]. Ciertamente la relevancia jurídica eclesial del matrimonio está ligada a su realidad sacramental. Sin embargo dicho valor jurídico tiene como presupuesto la dimensión de derecho natural que lo caracteriza esencialmente[155].

La expresión jurídica del matrimonio cristiano descansa sobre el hecho de que éste forma parte del designio de Dios sobre la criatura humana, de modo que, los elementos que lo definen y estructuran como relación de justicia no responden a una ley *exterius data*, sino a una normatividad *natura indita*. Por eso, la consideración de la dimensión jurídica del matrimonio canónico va íntimamente unida a su carácter de institución natural[156].

Que la dimensión natural del matrimonio haya sido elevada a la dignidad sacramental, afecta directamente al examen del consentimiento suficiente para contraer un matrimonio válido, de la recta intención necesaria para poner en

---

153 CATALÁ, S. y LÓPEZ, R. *Amor conyugal...*, ob. cit. p. 30.

154 JUAN PABLO II, Exhortación apostólica *Familiaris consortio*, n.º 68.

155 ERRÁZURIS, C.J. *Il matrimonio e la famiglia quale bene giuridico ecclesiale. Introduzione al diritto matrimoniale canonico*, EDUSC 2016, p. 17.

156 ERRÁZURIS, C.J.. en «La dimensión jurídica del matrimonio canónico a la luz del magisterio reciente. Observaciones a propósito de la reforma del proceso de nulidad realizado por el Motu Proprio Mitis Iudex» en *IUS CANONICUM* , vol. 57, 2017, p. 108.

existencia el sacramento del matrimonio y de la relevancia de la fe en la constitución del vínculo sacramental. Juan Pablo II trató sobre esta cuestión en su discurso a la Rota Romana en 2001[157]. *«Para identificar cuál es la realidad que desde el principio ya está unida a la economía de la salvación y que en la plenitud de los tiempos constituye uno de los siete sacramentos en sentido propio de la nueva Alianza, el único camino es remitirse a la realidad natural»*[158].

Tal y como recoge el Can. 1055.2, entre bautizados no puede haber contrato matrimonial válido que no sea sacramento. Este principio viene formulado como conclusión de la elevación al carácter de sacramento enunciada en la declaración inmediatamente anterior. Esto significa que sacramento y contrato integran un todo, de tal manera que imposible la existencia de uno sin el otro[159].

Siendo el matrimonio entre personas bautizadas un sacramento inseparable del contrato, la Iglesia es competente para disciplinar todos los aspectos sustanciales del matrimonio, como también aquellos efectos inseparables del mismo.

Esta potestad se manifiesta en diversos planos, legislativo, estableciendo normas para la celebración que condicionen la validez o no del matrimonio[160]; administrativo, tramitando los expedientes previos a la celebración, asistiendo a la misma; y judicial, conociendo de las causas que puedan plantearse sobre la validez o disolución del matrimonio.

---

157   La doctrina canónica ha destacado la importancia de estos discursos, citándolos como obligado punto de referencia: cfr. ERRÁZURIS, C.J. «Contratto e sacramento: il matrimonio, un sacramento che è un contratto. Riflessioni attorno ad alcuni testi di san Tommaso d'Aquino», en AA.VV. *Matrimonio e sacramento*, Città del Vaticano, 2004, p. 54.

158   JUAN PABLO II, Discurso a la Rota Romana, 1-II-2001, n.º 8.

159   En este sentido es interesante el Discurso de Juan Pablo II que manifiesta que» *«no se puede configurar, junto al matrimonio natural, otro modelo de matrimonio cristiano con requisitos sobrenaturales específicos»* JUAN PABLO II, Discurso a la Rota Romana, 30-I-2003, n.º 8.

160   Can.º 1075.

III. FINES DEL MATRIMONIO

3.1. Introducción

Para POMPEDDA, los elementos esenciales del matrimonio se identifican con sus fines, no considerados abstractamente, sino traducidos en derechos y deberes esenciales[161]. El conocimiento minucioso de esos elementos es un requisito necesario para asegurar la justicia en cualquier caso de nulidad, salvaguardando de ese modo la seguridad jurídica de los sujetos contrayentes y los derechos que les corresponden.

3.2. Antes del CIC de 1983

El CIC de 1917 enunciaba los fines del matrimonio de una manera jerarquizada y conectados: la procreación y la educación de la prole es el fin primario del matrimonio; la ayuda mutua y el remedio de la concupiscencia es su fin secundario[162]. El Código no describe explícitamente los elementos esenciales del matrimonio, si bien, considera requisito indispensable el conocimiento del matrimonio como sociedad permanente entre hombre y mujer para engendrar hijos[163], y proporciona también elementos que son objeto esencial del consentimiento matrimonial, aunque enunciados negativamente, cuando regula, la simulación: el derecho al acto conyugal (correspondiente a la esencia del matrimonio) y las propiedades esenciales.

El CIC habla de derechos y deberes esenciales en dos cánones: de un lado, el 1113, donde se establece la obligación que tienen los padres de procurar la educación de sus hijos (tanto la religiosa y moral, como la física y civil) y de proveer a su bien común temporal. De otro lado, el c. 1128,

---

161 POMPEDDA, M.F. *Annotazioni sul diritto matrimoniale del nuovo Codice canonico,* AA.VV. *Il matrimonio nel nuovo Codice di Diritto Canonico,* Padova 1984, p. 125.

162 «*Matrimonii finis primarius est procreatio atque educatio prolis; secundarius mutuum adiutorium et remedium concupiscentiae*»

163 Ut matrimonialis consensus haber possit necesse est ut contrahentes non ignorent matrimonium esset societatem permanentem inter virum et mulierem ad filios pro-creandos». Cfr. BOGGIANO PICCO, A. *Il matrimonio nel Diritto Canonieo,* Torino 1936, pp. 91-99.

que, dentro del capítulo dedicado a la separación de los cónyuges, recoge el deber que tienen de hacer vida común conyugal, si no hay causa justa que lo justifique.

En el CIC, por tanto, se enuncian los fines y se enumeran algunos elementos esenciales y derechos y deberes matrimoniales, pero no hace ver la unión que existe entre los fines y los elementos esenciales del matrimonio.

3.3. En el CIC de 1983

El actual CIC ha modificado el modo de presentar los fines del matrimonio y en lugar de enunciarlas directamente se ha preferido hacer una definición esencial del matrimonio incluyendo en la misma la relación existente entre la esencia de la unión conyugal con sus finalidades específicas[164].

Por lo tanto, entre las diferencias más relevantes con respecto a la regulación que se hacía en el CIC de 1917 destacamos las siguientes:

1. Ya no se habla de fines, sino de la propia ordenación de la institución matrimonial[165]. Esta proyección sobre cada matrimonio en concreto exige su ordenación a los fines objetivos o institucionales, sin que sea precisa siempre la realización o logro de esas finalidades[166].

2. Los fines se reducen a dos:

   a) El bien de los cónyuges, respecto a ello ni el vigente Código ni el Concilio Vaticano II han expresado en

---

164   Tal y como recoge el can.º 1055.1 «*ordenado pos su misma índole natural al bien de los cónyuges y a la generación y educación de la prole*».

165   Aunque la doctrina sigue hablando de fines del matrimonio, un ejemplo GARCÍA GÁRATE, A. *El matrimonio canónico...* ob. cit. p. 86.

166   Así lo establecen c. Ciani, Reg. Latii seu Romana, de 19 de julio de 2006 (A 107/2006), otra c. Bottone, Reg Aupuli seu Melphicten, 2 febrero 2010 (A 13/2010), y en una sentencia c. Boccafola Reg. Ligustici seu Savonen, de 21 de junio de 2012 (A 97/2012) que indican que la apertura a la procreación no debe confundirse con la efectiva procreación, pues la falta de prole no invalida las nupcias, con tal de que no haya sido excluida la prole en el consentimiento.

que consiste específicamente este bien[167]. Entendemos que el bien de los cónyuges comprende todo aquello que pueda redundar en favor del enriquecimiento, desarrollo o perfección personal del hombre y mujer que forman parte del matrimonio en los diversos aspectos que integran la vida humana (economía, afectivo, etc. Por lo tanto, se pone de manifiesto la visión personalista del matrimonio, ya que, tiene como objetivo el desarrollo personas de los miembros del mismo a través de la comunidad de vida.

b) La generación y educación de la prole, el matrimonio tiene como objetivo la transmisión de vida y la perpetuación de la especie[168]. Unido a la generación de la prole va la educación de los hijos.

3. Tanto la doctrina moderna como el Concilio Vaticano II no han pretendido establecer o declarar una jerarquía entre los fines del matrimonio[169].

---

167 Encontramos algunas alusiones como «*con la unión íntima de sus personas y actividades se ayudan y se sostienen mutuamente, adquieren conciencia de su unidad y la logran cada vez más plenamente. Esta íntima unión, como mutua entrega de dos personas, lo mismo que el bien de los hijos, exigen plena fidelidad conyugal y urgen su indisoluble unidad*» en Gaudium et spes n.º 48. o «*Los hijos son, sin duda, el don más excelente del matrimonio y contribuyen sobremanera al bien de los propios padres*» en Gaudium et spes n.º 50.

168 Gén.1,28 «*Y los bendijo Dios y les dijo: Sed fecundos y multiplicaos, y llenad la tierra*».

169 Respecto al orden de los fines, el hecho puramente literario de que se coloque antes el *bonum coniugum* que la ordenación a la prole, dio pie a que algunos vieran en ello una inversión de la jerarquía de los fines propuesta en el CIC de 1917 (c. 1012 §2), que recogería y confirmaría la doctrina de la Cons. *Gaudium et spes* al respecto. Tal interpretación carecía de fundamento y no tuvo recorrido en el futuro.
El hecho de que en el canon preceda la mención de la finalidad referente a los cónyuges a la relativa a la prole, no tiene ningún significado de contenido. El hecho obedece sencillamente a las exigencias de redacción de un texto recargado de incisos. Y en cuanto a la *Gaudium et spes* hoy es del todo doctrina pacífica que la doctrina del Concilio no propone un cambio de la jerarquía de los fines del matrimonio, sino que, sin entrar en esta cuestión técnica, ilustra en modo particular las finalidades del instituto matrimonial relativas a los cónyuges, que habían sido menos valoradas en la doctrina precedente.

IV. PROPIEDADES ESENCIALES

El objeto del consentimiento abarca múltiples obligaciones esenciales, que van desde las que se derivan de la propia sustancia del matrimonio canónico, dentro de las cuales hay que situar las obligaciones que comportan las propiedades esenciales del matrimonio (unidad, fidelidad e indisolubilidad según el canon 1056 del vigente Código), y las obligaciones que se derivan de que esa comunidad de vida este ordenada a unos determinados fines ya vistos en el apartado anterior, como son el bien de los cónyuges, la procreación y la educación de los hijos.

Con esto, queremos destacar que, concretar qué se entiende por obligaciones esenciales del matrimonio no es una tarea sencilla. Cuando se habla de obligaciones esenciales del matrimonio, hay que referirse a aquellos deberes que por su naturaleza son inherentes a los cónyuges. Según HERVADA se trata de aquellas obligaciones esenciales del matrimonio que se han llamado institucionales o intersubjetivas. Y en cuanto que son jurídicas se trata, de verdaderas obligaciones[170].

Volviendo al canon 1056, la unidad y la indisolubilidad son las propiedades esenciales del matrimonio, que en el matrimonio cristiano alcanzan una particular firmeza por razón del sacramento[171].

La unidad, se trata de la unión de un solo hombre con una sola mujer. En el matrimonio los cónyuges se donan recíprocamente uno al otro, uniendo sus inteligencias, voluntades, sentimientos, teniendo los mismos deseos y objetivos. La fidelidad —prometida al contraer matrimonio— es requisito indispensable para esta unión, de no existir provocaría un gran desequilibrio en el matrimonio. Por ello la poligamia (unión de un hombre con varias mujeres) y la poliandria (unión de una mujer con varios hombres) atentan contra esta propiedad del matrimonio. Únicamente está permitido vol-

---

170 HERVADA, J. «Obligaciones esenciales del matrimonio» en *Incapacidad consensuales para las obligaciones matrimoniales,* Pamplona, 1991, p. 24.

171 C.1056 recoge que: «las *propiedades esenciales del matrimonio son la unidad y la indisolubilidad, que en el matrimonio cristiano alcanzan una particular firmeza por razón del sacramento».*

verse a casar cuando el vínculo se deshace al morir uno de los miembros de la pareja[172].

Por su parte, la indisolubilidad significa que el vínculo matrimonial dura para toda la vida y nadie lo puede deshacer. El matrimonio rato y consumado no puede ser disuelto por ningún poder humano, ni por causa alguna, sólo la muerte deshace el vínculo[173].

V. EL *IUS CONNUBII*

Ius Connubii es una expresión acuñada por los romanos, bajo la cual se encierra, en opinión de algunos autores, un complejo unitario de situaciones jurídicas, la capacidad contraer matrimonio, que es a la vez derecho a contraerlo y el poder hacer surgir el vínculo[174]. La legislación canónica contempla el *ius connubii*, el derecho a contraer matrimonio, como un derecho reconocido universalmente a toda persona, hombre o mujer en el CIC 1983, en el canon 1058[175].

Su redacción hay que relacionarla con la inmunidad de coacción que toda persona tiene en el derecho a la elección de estado[176], sin olvidar las manifestaciones concretas del mismo, recogidas en las normas que regulan los impedimentos, el consentimiento y la forma[177], los tres pilares básicos del matrimonio que serán objeto de estudio posterior.

Este derecho se ejerce mediante el consentimiento matrimonial comprende el derecho a contraer matrimonio, así

---

172 Cor.7, 39 «*La mujer casada está ligada por la ley mientras su marido vive; pero si su marido muriere, libre es para casarse con quien quiera*».

173 Mt.19,6 «*Lo que Dios ha unido que no lo separe el hombre*».

174 Un ejemplo es HERVADA, J. en *Una caro. Escritos sobre el matrimonio*, Pamplona, 2000, p. 253.

175 C.1058 establece: «*Pueden contraer matrimonio todos aquellos a quienes el derecho no se lo prohíbe*».

176 Canon 219 del CIC que establece que: «*En la elección del estado de vida, todos los fieles tienen el derecho a ser inmunes de cualquier coacción*» en relación con el 226 del CIC que recoge: «*Quienes, según su propia vocación, viven en el estado matrimonial…*».

177 Los cc. 1073 a 1094 CIC recogen los impedimentos. Los cc. 1057 y 1095 a 1107 CIC se refieren al consentimiento matrimonial. Y los cc. 1108 a 1120 CIC tratan la forma canónica de celebración del matrimonio.

como, el derecho a fundar una familia, y el derecho a la elección libre del cónyuge[178].

VI. REQUISITOS PARA LA CELEBRACIÓN DE MATRIMONIO CANÓNICO

Para contraer matrimonio válidamente en forma canónica se tienen que dar tres requisitos, capacidad, forma y consentimiento.

La RAE define el término capacidad a través de varias acepciones: «Aptitud, talento, cualidad que dispone a alguien para el buen ejercicio de algo. Aptitud para ejercer personalmente un derecho y el cumplimiento de una obligación. Aptitud legal para ser sujeto de derechos y obligaciones»[179].

Como hemos visto en el apartado anterior, toda persona tiene, en principio, capacidad natural (*ius connubii*) para contraer matrimonio. Como todo acto jurídico, la prestación del consentimiento, presupone que los sujetos que lo realizan gozan de la capacidad suficiente, el propio canon 121 establece que: «*para que un acto jurídico sea válido, se requiere que haya sido realizado por una persona capaz, y que en el mismo concurran los elementos que constituyen esencialmente ese acto, así como las formalidades y requisitos impuestos por el derecho para la validez del acto. 2. Se presume válido el acto jurídico debidamente realizado en cuanto a sus elementos externos*». Este canon no define el acto jurídico, sino que hace referencia a los presupuestos y a los elementos requeridos para su existencia o validez.

El canon 1058, como hemos visto, establece que: «*Pueden contraer matrimonio todos aquellos a quienes el derecho no se lo prohíbe*». Se está reconociendo por tanto, que todas las personas con carácter general tienen capacidad jurídica

---

178   Para saber sobre el *ius connubii* es interesante JUAN PABLO II, *Familiaris Consortio*, n.° 16; e IDEM, Carta de los derechos de la familia de 22 de octubre de 1983, art. 1.°. Una evolución histórica del *ius connubii* en el derecho clásico, en el Concilio de Trento y en el CIC del 17 nos la ofrece Franceschi, H. *Ius connubii* y sistema matrimonial, in: Matrimonio. El matrimonio y su expresión canónica ante el III milenio, Pamplona 2000, 472-488. Asimismo, vid. SARMIENTO, A. ES-CRIVA-IVARS, J. Enchiridion Familiae, Pamplona 2003, I-X vols.

179   Diccionario de la Lengua. Real Academia Española.

para contraer matrimonio. Algunos autores, entienden que la limitación «el derecho no se lo prohíba» comprende dos supuestos distintos, de un lado, el defecto de capacidad de obrar por falta de aptitud radical para el matrimonio. De otro lado, el defecto de capacidad de obrar por prescripción del Derecho, lo que se denomina en término jurídicos como impedimentos[180], y que ambos supuestos serán objeto de posterior estudio.

En cuanto a la forma, tal y como hemos señalado, el matrimonio es un acto esencialmente consensual, pero no basta el consentimiento para contrearlo, pues dicho consentimiento se debe manifestar en la forma o formas establecidas por el legislador. Así, el matrimonio es un acto solemne, es decir, que la forma o formas de manifestación del consentimiento matrimonial se deben observar con carácter *ad solemnitantem*. La celebración del matrimonio se caracteriza por un particular formalismo, que más adelante será objeto de estudio.

En relación al último pilar fundamental para que el matrimonio sea válido, el consentimiento, La idea básica gira en torno a aforismo clásico solo *consensu matrimonium facit*[181], con lo que se pone de manifiesto el carácter esencial del consentimiento en el matrimonio. Efectivamente, aunque el consentimiento no es el único requisito del matrimonio, sin el consentimiento, manifestado de manera libre, seria y consciente, no hay matrimonio.

VII. EL MATRIMONIO CIVIL ANTE EL DERECHO CANÓNICO

La institución del matrimonio civil es producto de la unión de dos fuerzas, por un lado, fue la tendencia absolutista de la aparición del Estado moderno y por otro, el fenómeno social que provoco la Reforma protestante que produjo una división en la sociedad[182].

---

180 Souto, J.A. *Derecho Matrimonial,* Madrid, 2000, p. 118.

181 D.35,1,5.

182 La contribución de la Reforma a la formación del Estado moderno es más el desenlace histórico del movimiento protestante que el desarrollo de su programa.

Este origen del matrimonio civil, muestra una oposición, mayor o menor, según los sistemas legislativos, al régimen canónico. Por eso resulta necesario mencionarlo para explicar la posición de la Iglesia sobre el matrimonio civil. Son muchos los textos del magisterio eclesiástico que lo condenan como contrario al Derecho de la Iglesia[183].Consecuentes con esta doctrina, la legislación y ciencia canónicas niegan la consideración de *species matrimonii* a la unión contraída civilmente, y en este punto se cuida particularmente el no uso de la expresión matrimonio civil[184]. Así para la Iglesia el matrimonio civil se considera inexistente, de lo que derivan una serie de consecuencias:

- Al matrimonio inexistente se niegan los efectos propios del matrimonio inválido[185].

- El matrimonio inexistente no puede ser calificado como putativo[186].

Para los países en que está establecido un sistema de matrimonio civil obligatorio, la iglesia ha recordado la conveniencia de que los fieles acudan al magisterio estatal para cumplir la ceremonia civil con la intención de evitar que su

---

183   Un ejemplo es la Casti Connubii n.° 30 que establece «*Acerca del carácter religioso de todo matrimonio, y mucho más del matrimonio cristiano, pocas palabras hemos aquí de añadir, puesto que Nos remitimos a la Encíclica de León XIII que ya hemos citado repetidas veces y expresamente hecho Nuestra, en la cual se trata prolijamente y se defiende con graves razones cuanto hay que advertir sobre esta materia. Pero creemos oportuno el repetir sólo algunos puntos... Esta naturaleza sagrada del matrimonio, tan estrechamente ligada con la religión y las cosas sagradas, se deriva del origen divino... Este carácter religioso del matrimonio, con su excelsa significación de la gracia y la unión entre Cristo y la Iglesia, exige de los futuros esposos una santa reverencia hacia el matrimonio cristiano y un cuidado y celo también santos a fin de que el matrimonio que intentan contraer se acerque, lo más posible, al prototipo de Cristo y de la Iglesia*».

184   Cuando los documentos pontificios o la doctrina canónica aluden al matrimonio civil suelen referirse al contraído por súbditos de la Iglesia obligados a la observancia de la forma canónica de celebración, un ejemplo es en el S. XVIII, el Benedicto XIV *Redditae sunt nobis.*

185   Por ejemplo, el impedimento de pública honestidad que más adelante veremos, derivado del matrimonio inválido.

186   Aquí radica la distinción entre nulidad e inexistencia. Que se califique un matrimonio como putativo comunica al matrimonio inválido hasta el momento en que la nulidad se declara. Es sobre todo esta equiparación basada en la protección de la apariencia jurídica, lo que se excluye con la calificación de inexistencia.

matrimonio quede privado de efectos ante el Estado[187]. Esto no significa que tenga la consideración de casados, por lo que urge a la celebración en forma canónica. Para el caso de que el matrimonio civil sea facultativo, no solo lo reprueba, sino que no originará impedimento de vínculo[188].

---

187 En este sentido se manifiesta la Instrucción de la Sagrada Penitenciaría Apostólica de 15 de febrero de 1866, dirigida a los obispos de Italia, en ALONSO PERUJO, N. *El matrimonio católico y el matrimonio civil desde el punto de vista teológico, canónico, político y social,* Madrid, 1882, p. 242. otro ejemplo lo configura también la Instrucción de la Sagrada Congregación de Sacramentos de 21 de septiembre de 1940, dirigida a los obispos del Portugal, en A.A.S. XXXIII (1941), p. 39.

188 GARCÍA GÁRATE, A. *El matrimonio canónico...* ob. cit. p. 94.

CAPÍTULO VI.

LOS IMPEDIMENTOS EN GENERAL

I. CONCEPTO

El término impedimento se utiliza tanto en el derecho matrimonial como en el derecho relativo al sacramento del orden. Únicamente vamos a explicar los primeros. El Concilio Vaticano II, subrayó los aspectos más estrictamente personales de la unión conyugal[189], capaz de producir una comunidad de vida entre hombre y mujer. En el vigente Código a diferencia de lo que ocurría en el CIC 1917 prescinde de la categoría de impedimentos impedientes, reduce el ámbito del concepto a los denominados impedimentos dirimentes, con lo que sólo se podrán considerar impedimentos, en sentido estricto, aquellas prohibiciones o restricciones del *ius connnubii* que van a determinar la validez o la nulidad del matrimonio en cuestión.

El Código, por tanto, no ofrece una definición de impedimento, pero la doctrina canónica con dicha denominación hace referencia a todas las circunstancias que se oponen a la celebración válida del matrimonio. Por lo tanto, lo podemos definir como la ausencia de una condición legal o de hecho, cuya posesión es necesaria para poder contraer matrimonio.

Como ya se ha indicado, el vigente Código reconoce solo los impedimentos dirimentes[190], aunque otorgue a los ordi-

---

189   *Gaudium et spes* n.º 48.
190   Lo reconoce en el C.1073: «*El impedimento dirimente inhabilita a la persona para contraer matrimonio válidamente*».

narios del lugar la facultad de prohibir, en casos particulares, el matrimonio a sus propios súbditos; pero solo de modo temporal, y si existe una causa grave y mientras esta dure[191].

II. CLASIFICACIÓN

Existen diversas clasificaciones que suelen señalarse[192], nosotros vamos a distinguir tres:

a) Por su extensión, el impedimento puede ser:

- Absoluto, si inhabilita para contraer matrimonio con cualquier otra persona (por ejemplo, el impedimento de orden sagrado, etc.)

- Relativo, si inhabilita solo a contraer matrimonio con una persona determinada (por ejemplo, el impedimento de consanguinidad).

b) Por su duración, el impedimento puede ser:

- Perpetuo, cuando el hecho contemplado por la norma que inhabilita no puede cambiar con el transcurso del tiempo y el impedimento no puede cesar por sí mismo, (por ejemplo, el impedimento de vínculo).

- Temporal, cuando el hecho puede desaparecer con el tiempo y con ello el impedimento (por ejemplo, el impedimento de edad).

c) Por su divulgación:

- Público, se trata del impedimento que ya fue divulgado o cuya divulgación se prevé (un ejemplo es la orden ministerial, consanguinidad), generalmente consta en un documento público.

- Oculto, es el impedimento que no es conocido, procede de un hecho que se mantiene generalmente en secreto (por ejemplo, el impedimento de crimen).

---

191 El C. 1077.1 establece que: «*Puede el Ordinario del lugar prohibir en un caso particular el matrimonio a sus propios súbditos dondequiera que residan y a todos los que de hecho moren dentro de su territorio, pero sólo temporalmente, por causa grave y mientras ésta dure*». En cualquier caso, estas prohibiciones no pueden considerarse impedimentos en sentido estricto

192 Un ejemplo es la clasificación que atienden a al impedimento en cuanto a norma o que atienden al impedimento en cuanto a hecho.

III. AUTORIDAD COMPETENTE PARA ESTABLECER IMPEDIMENTOS

La competencia de la Iglesia sobre el matrimonio, como hemos visto en capítulos anteriores procede de la naturaleza sacramental del mismo. Tal y como establece el canon 1075: *«Compete de modo exclusivo a la autoridad suprema de la Iglesia declarar auténticamente cuándo el derecho divino prohíbe o dirime el matrimonio»*. Esta referencia a la suprema autoridad eclesiástica se dirige al Papa y el concilio ecuménico. Declarar un impedimento supone determinar su contenido, sus presupuestos y su significado.

Es importante reiterar, lo ya mencionado en el primer punto de este capítulo, que los ordinarios del lugar tienen potestad para prohibir, en casos particulares, la celebración del matrimonio a sus propios súbditos, pero únicamente por un tiempo determinado y la causa debe ser grave. Aunque esta prohibición podría tener alcance general a todos los fieles de un territorio, se trata de una norma excepcional, que no debe imponerse como regla ordinaria, sino sólo mientras perdure la causa.

Por su parte, la autoridad civil no puede ni tiene potestad alguna para introducir impedimentos sobre el matrimonio católico.

IV. DISPENSA DE LOS IMPEDIMENTOS

La dispensa consiste en una relajación de la ley para un caso concreto[193], es decir, en exonerar en un caso concreto y permitir el matrimonio. La normativa actual en materia matrimonial ha cambiado notablemente en comparación con el CIC 1917, se ha introducido una importante simplificación en esta materia, ya que, se ha otorgado facultades a los ordinarios del lugar, de acuerdo con el principio

---

193 C.85: *«La dispensa, o relajación de una ley meramente eclesiástica en un caso particular, puede ser concedida dentro de los límites de su competencia, por quienes tienen potestad ejecutiva, así como por aquellos a los que compete explícita o implícitamente la potestad de dispensar, sea por propio derecho sea por legítima delegación».*

descentralizador propugnado por el Concilio Vaticano II y el Derecho Canónico postconciliar[194].

La regulación de la dispensa de los impedimentos matrimoniales está prevista en los cc. 1078-1982 del Código de 1983, tiene una estructura articulada y contempla diversos supuestos que confieren facultades según las circunstancias, no sólo a la Sede Apostólica, sino también al ordinario del lugar; y por último al párroco y otros ministros.

4.1. Potestad de la Sede Apostólica

La Sede Apostólica puede dispensar de todos los impedimentos de derecho eclesiástico tanto válida como lícitamente[195]. En la legislación vigente el canon 1078.2, reserva al Romano Pontífice la dispensa de tres impedimentos[196], el proveniente de las órdenes sagradas; el voto público perpetuo de castidad emitido por un instituto religioso de derecho pontificio y el impedimento de crimen.

La dispensa se puede realizar a través de los siguientes organismos:

a) Para el fuero externo, la *Congregatio pro Doctrina Fidei;* para el impedimento de disparidad de cultos la *Congregatio pro Ecclesiis Orientalibus*, cuando al menos uno de los contrayentes pertenece al rito oriental; la *Con-*

---

194 Lo cierto es que mucho antes de que entrara en vigor el CIC de 1983, existía una legislación repartida en varios documentos pontificios y especialmente los M.P. *Pastorale munus* de 30.XI.1963 *y De episcopum muneribus de* 15.VI.1966 en los que se concedía a los obispos, a los abades y prelados *nullius*, a los vicarios y prefectos apostólicos entre otros a la potestad ordinaria de dispensar.

195 Los impedimentos de derecho divino no pueden ser dispensados ni siquiera por el Romano Pontífice. En los casos de impedimentos de Derecho natural que no obligan de manera absoluta, sino condicionada, el Romano Pontífice «puede, en virtud de su potestad vicaria, condonar la obligación en nombre de Dios o romper el vínculo... Condonada la obligación contraída para Dios o roto el vínculo, cesa por sí misma de urgir la ley natural que se fundaba en ellos» en MIGUÉLEZ, L. «El favor iuris en el matrimonio» en *REDC*, 3, 1949, p. 492.

196 Ca.1078.2: «*Los impedimentos cuya dispensa se reserva a la Sede Apostólica son:1 el impedimento que proviene de haber recibido las sagradas órdenes o del voto público perpetuo de castidad en un instituto religioso de derecho pontificio;2 el impedimento de crimen, del que se trata en el c. 1090*».

gregatio pro Institutis Vitae Consecratae et Societatibus Vitae Apostolicae, si se trata de impedimento de voto; y la *Congregatio de Cultu Divino et Disciplina Sacramentorum,* para todos aquellos impedimentos que no son competencia de las otras congregaciones.

b) Para el fuero interno, tanto sacramental como extrasacramental, la *Penitentiaria Apostolica.*

4.2. Potestad de los ordinarios del lugar

Tal y como establece el c. 1078.1, exceptuando aquellos impedimentos cuya dispensa se reserva al Papa, el ordinario del lugar puede dispensar de todos los impedimentos de derecho eclesiástico a sus propios súbditos cualquiera que sea el lugar en que se encuentren, y a todos los que de hecho moran su territorio.

Con carácter excepcional, tienen también potestad para dispensar en caso de peligro de muerte[197] y el llamado caso perplejo[198], en este caso el impedimento tiene lugar cuando se descubre y está todo preparado para la boda, es decir, cuando ya se han verificado todas las formalidades previas a la celebración.

4.3. Potestad del párroco y otros ministros

Conforme al canon 1079.2 y 4, en peligro de muerte, el párroco goza de la misma potestad que el ordinario del lugar, pero sólo en los casos que no se pueda recurrir a este último

---

197 Can 1079.1 establece que: «*En peligro de muerte, el Ordinario del lugar puede dispensar a sus propios súbditos, cualquiera que sea el lugar donde residen, y a todos los que de hecho moran en su territorio, tanto de la forma que debe observarse en la celebración del matrimonio como de todos y cada uno de los impedimentos de derecho eclesiástico, ya sean públicos ya ocultos excepto el impedimento surgido del orden sagrado del presbiterado*».

198 C. 1080 establece que: «*Siempre que el impedimento se descubra cuando ya está todo preparado para las nupcias, y el matrimonio no pueda retrasarse sin peligro de daño grave hasta que se obtenga la dispensa de la autoridad competente, gozan de la potestad de dispensar de todos los impedimentos, exceptuados los que se enumeran en el c. 1078 § 2, 1, el Ordinario del lugar y, siempre que el caso sea oculto, todos los que se mencionan en el c. 1079 §§ 2 y 3, observando las condiciones que allí se prescriben*».

con los medios ordinarios. Bajo la denominación de párroco, se incluyen los vicarios parroquiales dotados de plena jurisdicción en la parroquia, como son el administrador parroquial (c.539-540), el vicario parroquial que asume provisionalmente el gobierno de la parroquia cuando está vacante o el párroco está impedido en el ejercicio de su oficio (c.541.1) y el vicario sustituto (c.533.3).

CAPÍTULO VII.

LOS IMPEDIMENTOS EN PARTICULAR I

I. IMPEDIMENTO DE EDAD

El Código lo regula en el canon 1083 y establece que «*1. No puede contraer matrimonio válido el varón antes de los dieciséis años cumplidos, ni la mujer antes de los catorce, también cumplidos 2. Puede la Conferencia Episcopal establecer una edad superior para la celebración lícita del matrimonio*». Se entiende que ha cumplido la edad a tenor del canon 203, al terminar el día del mismo número del mes en que nació la persona y del año correspondiente[199]. Por lo tanto, es necesario que quienes quieran contraer matrimonio hayan alcanzado una cierta edad, que le haga suponer que tiene las condiciones necesarias para la prestación del consentimiento y el mantenimiento de la vida conyugal.

Algunos autores mantienen que guarda relación con el canon 1096 y la necesaria discreción de juicio que se ha de suponer en todo matrimonio[200], en nuestra opinión esto no

---

199   Sentencia rotal c. Canestri de 20 de diciembre de 1948 (SRR, v.40, p. 505).

200   Un ejemplo GARCÍA GÁRATE, A. *El matrimonio canónico...* ob. cit. p. 98. Entendemos que la discreción de juicio que menciona el canon 1096 es después de la pubertad, con lo que es posterior en edad.

es así ya que para ello está precisamente el mencionado canon 1096. En nuestra opinión, se relaciona con la madurez fisiológica que es conveniente que hayan alcanzado tanto el hombre como la mujer que quieran celebrar matrimonio.

Las razones que han movido al legislador a introducir este impedimento y a elevar la edad con respecto al CIC de 1917, es la conveniencia de que los contrayentes hayan llegado a la plenitud fisiológica, sin la cual sería imposible el establecimiento de la vida conyugal; la conveniencia de que se encuentren los recursos económicos necesarios al hogar y de administrar de una manera eficiente el hogar[201].

Como podemos observar al leer el canon 1083, se ha introducido en su apartado segundo la potestad para que las Conferencias episcopales puedan establecer una edad superior. En el caso de España, la Conferencia episcopal española ha establecido que *«no podrán contraer lícitamente matrimonio varón y la mujer que no hayan cumplido los dieciocho años»*[202]. De esta forma, se ajusta al art. 46 del Código civil que recoge que no podrán contraer matrimonio los menores de edad no emancipados y evita las dificultades que pudiera presentar la inscripción en el Registro civil del matrimonio contraído por menores.

En sentido contrario, el legislador canónico no ha establecido un límite máximo para contraer matrimonio, ni un máximo de diferencia de edad entre los contrayentes.

Este impedimento tiene carácter temporal, es decir, desaparecerá una vez cumplidos los dieciocho años. Es importante destacar, que el matrimonio no queda convalidado por el mero hecho de alcanzar la edad establecida durante el mismo. Por último, es importante también mencionar, que este impedimento es susceptible de dispensa, siendo más difícil de obtener cuanto menor sea la edad de los contrayentes.

---

201 GASPARRI, P. *Tractatus canonicus de matrimonio.* Romae, 1932. p. 493, donde se recoge el voto particular de P. Wernz en la preparación del Código para que se elevase la edad a lo catorce y dieciséis años.

202 Decreto General de 26 de diciembre de 1983, en donde art. 11.Puede verse Apéndice IV del Código de Derecho canónico de la B.A.C., 5.ª ed., Madrid, 1985.

II. IMPEDIMENTO DE IMPOTENCIA

El Código lo regula en el canon 1084, estableciendo que: «*La impotencia antecedente y perpetua para realizar el acto conyugal, tanto por parte del hombre como de la mujer, ya absoluta ya relativa, hace nulo el matrimonio por su misma naturaleza. Si el impedimento de impotencia es dudoso, con duda de derecho o de hecho, no se debe impedir el matrimonio ni, mientras persista la duda, declararlo nulo. La esterilidad no prohíbe ni dirime el matrimonio, sin perjuicio de lo que se prescribe en el c. 1098*».

La impotencia como impedimento, consiste en la incapacidad, antecedente y perpetua o también relativa, para la realización del acto conyugal tal y como está configurado por la naturaleza[203]. Esta impotencia debe deberse a causas físicas o psíquicas[204]. Reiteradamente la jurisprudencia insiste en la dificultad de probar la impotencia psíquica[205]. La actual redacción hace referencia, por tanto, a la *impotentia coeundi*. A este concepto se opone la *impotentia generandi*, es decir, la ineptitud para el logro de la generación. Para invalidar el matrimonio por impotencia, se tienen que dar tres requisitos:

1. La impotencia ha de ser antecedente, esto significa que la persona debe tener este defecto en el momento de contraer matrimonio, y que no so se produzca con posterioridad.

2. La impotencia ha de ser perpetua, significa que debe ser incurable por medios ordinarios, lícitos y no peligrosos para la vida o gravemente perjudiciales para la salud. Si la curación se produjese una vez contraído

---

203 Resulta importante en este sentido la C.Wynem, de 25 de octubre de 1945, que afirma que «*la jurisprudencia rotal no solo dominante, sino común y constante, declara al varón potente para la copula perfecta, con tal de que, una vez penetrada la vagina, pueda efundir semen elaborado en los testículos, haya o no nemaspermas en este semen*» (SRR,v.37,p. 578).

204 Algunas sentencias distinguen dentro de lo que se puede denominar la impotencia funcional, la impotencia física y la psíquica un ejemplo es la C.Teodori de 20 de diciembre de 1948 en (SRR,v.40,p. 500) «*la psíquica proviene bien de alguna característica del sujeto o bien de alguna circunstancia externa... La física procede de diversas enfermedades, especialmente influyentes en el sistema nervioso*».

205 Sentencia de 10 de octubre de 1974 (PRMC, 1975, pp. 497-499).

el matrimonio por un medio ilícito o extraordinario, la perpetuidad como concepto jurídico seguiría existiendo y en consecuencia el matrimonio seguiría siendo nulo. En sentido contrario, si es curada por un medio lícito dejaría de existir el impedimento. Será el Juez quien determine en cada caso en concreto sobre la licitud.

3. La impotencia ha de ser cierta, esto se deduce del C.1084.2, el grado de certeza viene indicado por el propio ordenamiento, al exigir la certeza moral para pronunciar cualquier sentencia[206]. El propio apartado segundo señala que mientras persista la duda sobre la impotencia no se podrá declarar la nulidad del matrimonio.

Este impedimento no es susceptible de dispensa, por tratarse de una materia referible al Derecho natural. Al ser uno de los requisitos la perpetuidad, no puede cesar por el paso del tiempo.

III. IMPEDIMENTO DE VÍNCULO

El código lo regula en el canon 1085 estableciendo que «*1. Atenta inválidamente matrimonio quien está ligado por el vínculo de un matrimonio anterior, aunque no haya sido consumado. 2. Aun cuando el matrimonio anterior sea nulo o haya sido disuelto por cualquier causa, no por eso es lícito contraer otro antes de que conste legítimamente y con certeza la nulidad o disolución del precedente*». Por tanto, se produce con el vínculo matrimonial que surge del matrimonio válido, por el cual los cónyuges se unen al otro, de tal manera que no se puede celebrar otro matrimonio con terceras personas. Es indiferente que el matrimonio sea rato, ya que, el vínculo surge del consentimiento y no de la consumación. Este impedimento es una consecuencia del principio de unidad del matrimonio que ya hemos visto en el apartado de las propiedades esenciales.

---

206 El canon 1608 establece que: «Para dictar cualquier sentencia, se requiere en el ánimo del juez certeza moral sobre el asunto que debe dirimir».

Para que surja este impedimento es necesario que se den dos requisitos:

1. Matrimonio válido, las personas sobre las que recae la prohibición deben hallarse unidas en matrimonio válido. De lo contrario no existirá impedimento alguno. Es importante destacar que el matrimonio civil contraído por personas obligadas al matrimonio canónico no da lugar al impedimento.

2. Subsistencia vínculo anterior, el vínculo del matrimonio anterior debe subsistir para que dirima el matrimonio posterior. Por ello, para que pueda celebrarse un matrimonio posterior, es imprescindible que haya desaparecido previamente el vínculo anterior por alguna de las formas de disolución admitidas por el derecho canónico.

Es importante destacar que la jurisprudencia establece que, si el primer matrimonio no fue declarado nulo, cierta y legítimamente, sino con error e ilegítimamente, si bien puede ocurrir que se celebre un nuevo matrimonio en la buena fe de los contrayentes, sin embargo, el segundo matrimonio es nulo por razón de la existencia de un vínculo precedente[207].

Este impedimento no es susceptible de obtener dispensa, pues sería ir en contra de la unidad del matrimonio, la cual es una de las propiedades esenciales del matrimonio, ya que provocaría la admisión de una situación de poligamia.

IV. IMPEDIMENTO DE DISPARIDAD DE CULTOS

El código lo regula en el canon 1086, estableciendo que: «*Es inválido el matrimonio entre dos personas, una de las cuales fue bautizada en la Iglesia católica o recibida en su seno, y otra no bautizada. No se dispense este impedimento si no se cumplen las condiciones indicadas en los cc. 1125 y 1126. Si al contraer el matrimonio, una parte era comúnmente tenida por bautizada o su bautismo era dudoso, se ha de presumir, conforme al c. 1060, la validez del matrimonio hasta que se pruebe con certeza que uno de los contrayentes estaba bautizado y el otro no*».

---

207 Este sentido se pronuncia la c. Wynem de 12 de noviembre de 1949 (v. 41, p. 513).

Consiste por tanto, en la prohibición legal de contraer matrimonio entre una persona católica y otra parte no bautizada. Es importante mencionar la carta apostólica de Benedicto XVI[208] que, según la redacción original, exigía que la parte católica no hubiera abandonado la iglesia por acto formal. La existencia de este impedimento se funda en primer lugar, en la difícil integración de los espesos en una comunidad de vida, estando separados en algo tan importante para las personas como es la fe religiosa. En segundo lugar, la dificultad en la educación de los hijos, y, por último, en tercer lugar, el peligro para la fe del cónyuge católico.

Para que se produzca este impedimento se tienen que dar dos requisitos:

1. Uno de los contrayentes debe estar bautizado en la Iglesia católica o recibido en ella, por conversión de otra confesión en la que hubiera sido bautizado válidamente. Por tanto, no están sujetos los bautizados fuera de la Iglesia católica.

2. El otro contrayente no esté bautizado, a estos efectos, el impedimento tiene   lugar de un lado, si el sujeto en cuestión nunca haya sido bautizado. Y de otro lado, también en el supuesto en el que bautismo haya resultado inválido.

El propio canon 1086 en su apartado 3.º, establece una norma para aquellos supuestos en los que aparezca la duda sobre el impedimento, como consecuencia lógica del *favor matrimonii* (c.1060), prevaleciendo la presunción de validez del matrimonio sobre la presunción de invalidez del bautismo o sobre la duda de su recepción[209].

En cuanto a la dispensa, este impedimento puede ser susceptible de la misma, previo el cumplimiento de los requisitos establecidos y que coinciden con los señalados para los matrimonios mixtos (cann. 125 y 126) que consisten en:

a) Que la parte católica, declare que está dispuesta a evitar cualquier peligro de apartarse de su fe y prometa

---

208 Dicha carta es de 26.X.2009, *Omnium un menten*, por la que se modifican algunas normas de derecho canónico.

209 DEL AMO, L. *La defensa del vínculo,* Madrid, 1954, pp. 168-169.

que hará cuanto le sea posible para que los hijos que surjan del matrimonio se bauticen y se eduquen en la Iglesia católica.

b) Que la parte no bautizada, se le informe sobre las promesas y obligaciones de la parte católica.

c) Ambos deben ser instruidos sobre los fines y propiedades esenciales del matrimonio y no los excluyan[210].

---

210 Esta normativa constituye una novedad en el ordenamiento canónico, puesto que el CIC 1917 exigía que esas promesas y garantías las prestaran ambas partes, católica y acatólica, para autorizar tanto los matrimonios mixtos como los dispares.

CAPÍTULO VIII.

LOS IMPEDIMENTOS EN PARTICULAR II

I. IMPEDIMENTO DE ORDEN SAGRADO

El código lo regula en el canon 1087, estableciendo que: «*Atentan inválidamente el matrimonio quienes han recibido las órdenes sagradas*». Queda, por tanto, prohibido el matrimonio a quienes hayan recibido las órdenes sagradas. Este impedimento se encuentra en estrecha relación con el celibato sacerdotal. En este sentido, Pablo VI, en su Encíclica sobre el celibato eclesiástico, recoge que «*ciertamente, el carisma de la vocación sacerdotal, enderezado al culto divino y al servicio religioso y pastoral del Pueblo de Dios, es distinto del carisma que induce a la elección del celibato como estado de vida consagrada; mas la vocación sacerdotal, aunque divina en su inspiración, no viene a ser definitiva y operante sin la prueba y la aceptación de quien en la Iglesia tiene la potestad y la responsabilidad del ministerio para la comunidad eclesial y, por consiguiente, toca autoridad de la Iglesia, determinar, según los tiempos y los lugares cuales deben ser en concreto los hombres y cuales sus requisitos, para que puedan considerarse idóneos para el servicio religioso y pastoral de la Iglesia misma*»[211].

Este impedimento se extiende siguiendo el c. 1009 al diaconado, presbiterado y episcopado. En relación con la recepción del diaconado permanente por personas que han contraído

---

211 PABLO VI, *Sacerdotalis caelibatus* de 24 de junio de 1967 (AAS, v.59, pp. 657-697).

matrimonio, no es obstáculo para la subsistencia del impedimento en orden a un futuro matrimonio, entendiéndose que si la esposa del diacono fallece le afecta el impedimento para un posible matrimonio posterior[212].

Este impedimento es un impedimento perpetuo[213], por lo tanto, la posible pérdida del estado clerical no lleva aparejada la dispensa de la obligación del celibato, que únicamente concede el Romano Pontífice[214].

Este impedimento es susceptible de dispensa, esta debe ir precedida de la pérdida del estado clerical[215].

II. IMPEDIMENTO DE VOTO PÚBLICO

El código lo regula en el canon 1088, estableciendo que: «*Atentan inválidamente el matrimonio quienes están vinculados por voto público perpetuo de castidad en un instituto religioso*». Es similar al anterior impedimento estudiado, pero en este caso quedan afectados por este impedimento aquellas personas que mediante un acto de profesión religiosa perpetua quedan incorporados de forma definitiva a un instituto de esta naturaleza. Es decir, aquellas formas de vida consagrada, que determinan la incorporación de la persona cristiana a una organización externa y estable. Mediante la cual quedan adscritos a la llamada profesión religiosa, en la cual se emiten los tres votos clásicos de pobreza, obediencia y castidad[216].

---

212 MP *Ad Pascendum* de 15 de agosto de 1972, en ASS, v.64, p. 534.

213 En este sentido el c.290 establece que: «*Una vez recibida válidamente, la ordenación sagrada nunca se anula*».

214 En este sentido el c.291 establece que: «*Fuera de los casos a los que se refiere el c. 290, 1, la pérdida del estado clerical no lleva consigo la dispensa de la obligación del celibato, que únicamente concede el Romano Pontífice*».

215 Esta tiene lugar por sentencia o decreto que declare la invalidez de la ordenación, lo que conlleva la extinción de todas las obligaciones del mismo según el c.291 en relación con el c.1712), por la pena de dimisión legítimamente impuesta o por rescripto de la Sede Apostólica. Para saber más en Palomo, C. «La nueva tramitación de la dispensa del celibato sacerdotal» en *REDC,* 37, 1981, p. 153 y ss.

216 Interesante sobre los requisitos de la profesión la Instrucción de SC de Religiosos e Institutos seculares de 6 de enero 1969, en ASS, v.61, pp. 103-120 y los cann. 654 y 658.

Este impedimento puede cesar por el paso de un instituto religioso a un instituto secular o a una sociedad de vida apostólica, tras cuya incorporación cesan los votos, derechos y obligaciones precedentes, y también es susceptible de dispensa.

III. IMPEDIMENTO DE RAPTO

El código lo regula en el canon 1089, estableciendo que: *«No puede haber matrimonio entre un hombre y una mujer raptada o al menos retenida con miras a contraer matrimonio con ella, a no ser que después la mujer, separada del raptor y hallándose en lugar seguro y libre, elija voluntariamente el matrimonio».* El actual Código reproduce en términos casi idénticos, el impedimento de rapto que el CIC de 1917[217] (c. 1074) había heredado de la tradición jurídica y canónica[218].

El rapto, consiste en la acción violenta de sustraer o trasladar a la mujer de un lugar seguro, a uno no seguro en el que permanece bajo la autoridad de raptor[219].

Lo característicos del rapto frente a otras figuras, como la fuerza o el miedo[220], estriba en la separación violenta de la

---

217   Lo regula de una manera más sencilla, une dos figuras que en el CIC de 1917 se hacía de manera separada como era el rapto propiamente dicho y la retención violenta de la mujer.

218   El impedimento de rapto ya se recogía en el derecho romano Justinianeo. En el derecho canónico, el rapto fue configurándose progresivamente como impedimento a partir del siglo IX, pero sólo bajo la influencia de los decretalistas adquirirá relevancia jurídica a efectos de la nulidad del matrimonio, si bien en cuanto modalidad del impedimento más general de fuerza y miedo. Su autonomía jurídica respecto del vicio del consentimiento se vio favorecida por el fenómeno de los matrimonios clandestinos y por la decisión del rey Enrique II de Francia al requerir el consentimiento paterno en la celebración de las nupcias de los hijos menores en NAVARRETE, U en«Los impedimentos relativos a la dignidad del hombre: "aetas", "raptus", "crimen"». *En Derecho matrimonial canónico. Evolución a la luz del Concilio Vaticano II*, Madrid: BAC, 2007, p. 481-482.

219   Interesante DE REINA, V. «Miedo y rapto: zona de influencia» en *IC*, 12. 1972, pp. 443-449.

220   Durante el proceso de codificación de la legislación vigente se sopesó la sugerencia de quienes proponían suprimir el canon relativo al impedimento de rapto, pues para tutelar la libertad era suficiente la norma relativa a la violencia y el miedo. Pero, a pesar de coincidir la propuesta con el parecer de uno de los consultores, se decidió mantener el impedimento. En *Communicationes* 9,1977: p. 366.

mujer de un lugar en la que goza de libertad, a un lugar distinto en el que está supeditada al raptor. Por tanto, se exige un cambio de lugar a otro distinto, y una alteración en el estado de libertad en el que se encontraba la mujer.

También, tiene la consideración de rapto, el realizado mediante terceras personas, mandatarios o ejecutores, es importante, aunque resulte obvio, que la mujer raptada debe ser la misma con la que se pretende el matrimonio, de modo que no surgirá este impedimento cuando el rapto afectase a otra mujer. La sustracción o retención de la mujer debe ser con el objetivo de contraer matrimonio por parte del raptor.

Este impedimento puede cesar cuando la mujer, separada del raptor y hallándose en lugar seguro y libre[221], elija voluntariamente el matrimonio. Para tutelar la libertad de la mujer la norma prevé que ésta transite de la situación de rapto hacia un lugar seguro y libre o recupere su estado de libertad allí donde se halle retenida. Si no se dieran estas condiciones, el impedimento seguiría inhabilitando a la mujer que, raptada o secuestrada inicialmente contra su voluntad, consintiera más tarde en celebrar matrimonio en situación objetiva todavía de rapto o de retención.

Por último, este impedimento puede cesar por dispensa.

IV. IMPEDIMENTO DE CRIMEN

El código lo regula en el canon 1090, estableciendo que: *«Quien, con el fin de contraer matrimonio con una determinada persona, causa la muerte del cónyuge de ésta, o de su propio cónyuge, atenta inválidamente ese matrimonio. También atentan inválidamente el matrimonio entre sí, quienes, con una cooperación mutua, física o moral, causaron la muerte*

---

221 Para algunos autores, un lugar seguro y libre, que posea estas características, es suficiente para la purgación del impedimento, bien entendido que los calificativos de seguro y libre no se refieren al estado de ánimo de la mujer sino al lugar. Dicho en otro modo, el impedimento cesa *ipso facto* cuando la mujer se separa del raptor y se encuentra en un lugar objetivamente seguro y libre. En BERSINI, F. *Il dirito canonico matrimoniale. Commento giuridico —teologico— pastorale*. Torino, 1994, p. 83. En esta línea, ACUÑA, S. «Consideraciones acerca de la regulación del impedimento de rapto». *Ius Canonicum* 39, 1999, pp. 739-746. Cuando estos dos elementos coinciden de modo objetivo y real en Fornés, J. *Derecho Matrimonial Canónico*. Madrid, 2018, p. 44.

del cónyuge». Se entiende por tanto impedimento de crimen el que realiza de cualquiera de estas tres modalidades:

a) El conyugicidio propiamente dicho, esto es, dar muerte al propio cónyuge con el fin de contraer matrimonio con una persona determinada

b) El conyugicidio impropio, consistente en dar muerte al cónyuge de la persona con la que se quiere contraer matrimonio.

c) El conyugicidio por cooperación mutua, es decir, acción realizada con la cooperación mutua de dos personas para matar al cónyuge de una de ellas.

Este impedimento tiene como finalidad tutelar la fidelidad e indisolubilidad del matrimonio, e impedir el extremo en que el deseo de dar muerte al cónyuge propio en caso de querer otra unión conyugal más deseada.

Las dos primeras formas de este impedimento (propio e impropio), se entiende que es un conyugicidio individual. Para que se produzcan se tienen que dar tres requisitos:

1. El crimen como elemento objetivo, es decir, la muerte del propio cónyuge o del cónyuge de la persona con quien se quiere contraer (aunque esta lo ignore o so oponga al mismo), debe ser consumado, esto es que se haya causado la muerte efectiva. Es indiferente que se haya realizado por el delincuente o través de mandatarios.

2. La intencionalidad como elemento subjetivo, es decir, el objetivo del crimen debe ser el contraer matrimonio con una persona concreta y determinada.

3. La conexión entre ambos elementos, es decir, si se diese el supuesto que el mandante cambia de opinión y el mandatario lo conoce y a pesar de ello comete el crimen no habría impedimento, porque faltaría el nexo causal entre ambos elementos.

En tercer caso, el conyugicidio por cooperación mutua, se trata del crimen realizado por dos personas que cooperan mutuamente para causar la muerte del cónyuge de una de ellas, se establece entre esas dos personas el impedimento del crimen, para ello se tienen que dar tres requisitos:

1. Cooperación mutua, esto implica la intervención positiva de uno y otro en la ejecución del delito; inter-

vención que puede tener lugar bien en el orden físico, contribuyendo materialmente a la acción del crimen, o bien en el orden moral, influyendo en el ánimo de quien va a ejecutar la acción.

2. Muerte efectiva del cónyuge de uno de ellos.

3. La intencionalidad, de contraer matrimonio con el cómplice cooperador[222].

4. Este impedimento es susceptible de ser dispensado, aunque dadas sus características resulta muy complicado se que pueda conceder.

V. IMPEDIMENTO DE CONSANGUINIDAD

El código lo regula en el canon 1091, estableciendo que:

«En línea recta de consanguinidad, es nulo el matrimonio entre todos los ascendientes y descendientes, tanto legítimos como naturales. En línea colateral, es nulo hasta el cuarto grado inclusive. El impedimento de consanguinidad no se multiplica. Nunca debe permitirse el matrimonio cuando subsiste alguna duda sobre si las partes son consanguíneas en algún grado de línea recta o en segundo grado de línea colateral».

En todas las legislaciones matrimoniales se prohíbe el matrimonio entre parientes, la diferencia entre ellas se encuentra el alcance de la extensión de la prohibición[223].

---

222 Algunos autores discuten si este requisito es necesario Salazar entiende que no es necesario ya que el C.1090.2 no hace mención expresa de tal intención, añadiendo que la sociedad en general y la cristiana en particular no aceptan un matrimonio entre dos personas que cooperan en la muerte de uno de los cónyuges aunque falte la intención de casarse DE SALAZAR, J. MOSTAZA, A. SANTOS, L. *Derecho matrimonial* en MOSTAZA, A. *Nuevo Derecho canónico,* Madrid, 1983, p. 225.

223 El sentimiento universal de los pueblos se opone desde muy antiguo al matrimonio entre personas de cualquier grado en línea recta, y también entre abuelos y nietos. La ley mosaica establecía: «*Ningún varón se llegue a parienta próxima alguna, para descubrir su desnudez. Yo Jehová. La desnudez de tu padre, o la desnudez de tu madre, no descubrirás; tu madre es, no descubrirás su desnudez. La desnudez de la mujer de tu padre no descubrirás; es la desnudez de tu padre. La desnudez de tu hermana, hija de tu padre o hija de tu madre, nacida en casa o nacida fuera, su desnudez no descubrirás*», Lv 18,6-18.

La Consanguinidad es la relación natural que existe entre dos personas unidas por la comunidad de sangre, que proceden unas de otras o tienen un antepasado común cercano[224].

Como hemos indicado al inicio, el alcance de este impedimento depende de los límites que marca la ley, ya que esta contiene los elementos precisos para medir o computar la cercanía o lejanía que pueda presentar la consanguinidad en un supuesto dado. Es conveniente distinguir en:

1. Línea recta: es la sucesión directa de unas personas de otras.

2. Línea colateral: es la relación natural existente entre dos personas en línea distinta pero que proceden de un tronco común.

3. Tronco: es la persona de la que se procede y que se toma como punto de referencia, al confluir en la misma diferentes generaciones.

4. Grado de parentesco: es la medida que existe entre dos personas para determinar su mayor o menor lejanía también se conoce como cómputo.

La medición o cómputo se realiza de la siguiente forma:

Un grado es la distancia que hay entre dos personas engendradas una por otra. De una a otra hay una generación. Y cada generación es un grado. Por lo tanto, un padre y un hijo son parientes en primer grado, abuelo y nieto son parientes en segundo grado, pues hay un grado entre padre e hijo y otro entre abuelo y padre (esto en la línea recta).

En la línea colateral, para medir la distancia del parentesco entre dos personas, hay que contar desde una, siguiendo su línea ascendente, hasta llegar al más próximo antepasado que tiene en común con la otra, y luego bajar por la línea recta descendente que une a este antepasado con la otra persona cuyo parentesco con la primera se mide. De esta manera, dos primos A y B son parientes en cuarto grado, porque hay dos grados subiendo de A al abuelo y dos grados bajando del abuelo a B. Y un tío, C y un sobrino D, son parientes en tercer grado, pues subiendo, hay un grado de C a su padre, que es el abuelo de D, y, bajando, dos grados del

---

224 CIPROTTI, P. «Consanguinità affinità, publica honestà» en *Rivista di diritto matrimoniale*, 3, 1963, p. 8.

abuelo a nieto. Es decir, el grado de parentesco colateral en que se hallan dos personas entre sí, se obtiene sumando los grados que hay en las dos líneas rectas que van una de cada una de aquéllas al antepasado común de ambas.

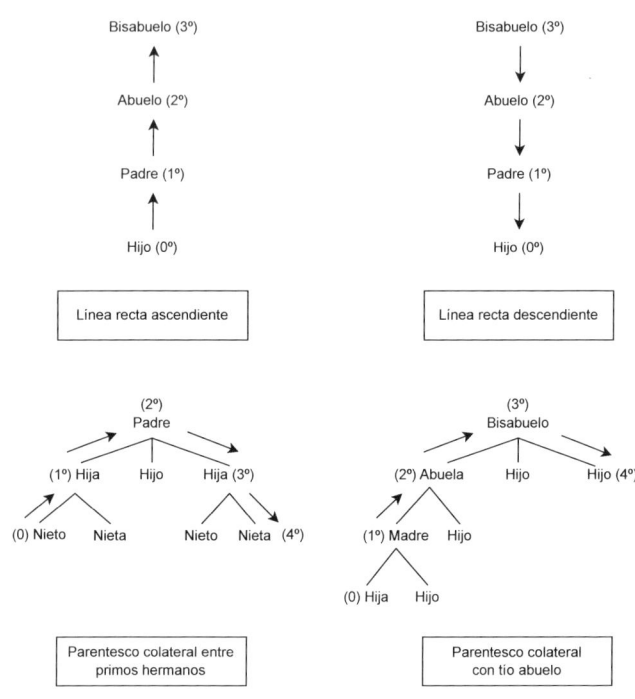

Se prohíbe, por tanto, el matrimonio en línea recta de forma indefinida, de tal manera que cualquier matrimonio entre un ascendiente y descendiente directo resulta nulo.

En supuesto que estemos en la línea colateral se prohíbe el matrimonio hasta el cuarto grado inclusive, es decir, como hemos visto con anterioridad entre primos.

La relación de consanguinidad aparece, por definición, siempre que entre esas personas se produzcan vínculos de sangre, independientemente de relaciones matrimoniales o no, o que el parentesco sea conocido o no por los que quieren contraer matrimonio pues lo importante es la relación de sangre que no queda modificada ni por el origen ni porque esta sea conocida.

Este impedimento en línea recta no es susceptible de dispensa ni en segundo grado en la línea colateral.

VI. IMPEDIMENTO DE AFINIDAD

El código lo regula en el canon 1092, estableciendo que: «*La afinidad en línea recta dirime el matrimonio en cualquier grado*». El Código define la afinidad en el canon 109, estableciendo que es la relación moral y legal entre el marido y los consanguíneos de su marido, surge de un matrimonio válido, incluso si dicho matrimonio no ha sido consumado. La relación surge entre el cónyuge y los parientes de su esposo/a o viceversa; no se da entre los consanguíneos de uno y los del otro, es decir, entre hermanos o hermanas del marido no tienen afinidad con los hermanos o hermanas de su mujer.

Este impedimento solo cesa bien por la declaración de nulidad del primer matrimonio o bien por dispensa, es decir, la muerte de uno de los cónyuges no provocaría que el impedimento dejase de existir.

VII. IMPEDIMENTO DE PÚBLICA HONESTIDAD

El código lo regula en el canon 1093, estableciendo que: «*El impedimento de pública honestidad surge del matrimonio inválido después de instaurada la vida en común o del concubinato notorio o público; y dirime el matrimonio en el primer grado de línea recta entre el varón y las consanguíneas de la mujer y viceversa*». Este impedimento es muy similar al anterior, por ello se denomina por algunos autores como cuasiafinidad[225]. El fundamento de esta prohibición, se basa en el hecho de que una relación cuasi-conyugal, como las que se contemplan en el supuesto de hecho, no sólo une a las personas de los cónyuges individualmente considerados, sino que, también introduce a cada uno de los esposos en el ámbito de la familia del otro.

---

225 GARCÍA GÁRATE, A. *El matrimonio canónico...* ob. cit. p. 106.

Como podemos observar, este impedimento surge de dos situaciones que deben estudiarse de manera diferente:

1. Supuesto de matrimonio inválido, es la primera de las causas, debe haber existido una apariencia de matrimonio válido. Es irrelevante el capítulo por el que se haya producido la nulidad del matrimonio, aunque se ha discutido por parte de la doctrina, en concreto en el caso de que haya resultado nulo por un vicio del consentimiento[226], pero según la redacción del canon en la que no hace distinciones al respecto, y es seguido por la doctrina dominante, la existencia del impedimento en cualquier hipótesis de matrimonio nulo. Lo verdaderamente determinante es que se haya instaurado la vida en común.

2. Supuesto de concubinato notorio y público, para que exista concubinato deben darse algunos elementos determinados:

   a) Relación entre hombre y mujer compartiendo una vida en común que comprende la participación en la intimidad sexual.

   b) Esta relación no debe haber sido iniciada bajo apariencia de matrimonio canónico, ya que si no nos encontraríamos en el primer supuesto.

   c) Debe probarse una cierta durabilidad en el tiempo, que le otorgue una condición de estabilidad.

En relación con el matrimonio civil, para quien está obligado a la forma canónica, estaría comprendido en este supuesto y daría lugar al impedimento siempre que después de la celebración del mismo hubiera existido vida en común[227].

El alcance de este impedimento llega únicamente al primer grado en línea recta, es decir, afecta a cada miembro de la pareja con el ascendiente o descendiente inmediato del otro[228].

---

226 GASPARRI, P. *Tractatus…* ob. cit. p. 732.

227 La doctrina tradicional entendió en este caso que se trataría concubinato notorio y público. CPI Respuesta de 12 de marzo de 1929 AAS, v. 21, p. 170. Es interesante también BENDER, L. «Actus ut aiunt civilis ut impedimentum publicae honestitatis» en *EIC*, 1954, p. 305 y ss.

228 Es una diferencia con el CIC de 1917, pues comprendía hasta el segundo grado de la línea recta.

Por último, mencionar que este impedimento es susceptible de dispensa.

VIII. IMPEDIMENTO DE PARENTESCO LEGAL

Es el último de los impedimentos, el código lo regula en el canon 1094, estableciendo que: «*No pueden contraer válidamente matrimonio entre sí quienes están unidos por parentesco legal proveniente de la adopción, en línea recta o en segundo grado de línea colateral*». Este impedimento surge de la adopción, el canon 1094 no indica qué debe entenderse por parentesco legal proveniente de la adopción. Tal concepto, viene ofrecido por el canon 110 que establece que «*los hijos que han sido adoptados de conformidad con el derecho civil, se consideran hijos de aquel o aquellos que los adoptaron*». Esto significa, que la adopción constituida bajo la normativa civil, origina en el ámbito canónico una relación de paternidad y filiación, es decir, de parentesco entre adoptante y adoptado similar al parentesco natural.

El parentesco se extiende, al menos, a todas aquellas personas que se integran en la línea recta y a los hermanos adoptivos. Este impedimento surge únicamente de la adopción y no de figuras más o menos similares como podría ser la tutela[229].

Este impedimento es dispensable y puede cesar si desaparece la adopción.

---

229   Tal y como quedó de manifiesto en el proceso de elaboración del canon, pues, aunque en las primeras redacciones propuestas se incluía la tutela, al final se limitó a los casos de adopción en sentido estricto, en Communicationes 3 (1971) 74-75; y 9 (1977) 368.

CAPÍTULO IX.

PREPARACIÓN Y FORMALIDADES DEL MATRIMONIO CANÓNICO

I. LOS ESPONSALES

El código de 1983 suprimió las formalidades establecidas en el CIC de 1917[230], el canon 1062 distingue entre esponsales y promesa unilateral de matrimonio establece que: «*La promesa de matrimonio, tanto unilateral como bilateral, a la que se llama esponsales, se rige por el derecho particular que haya establecido la Conferencia Episcopal, teniendo en cuenta las costumbres y las leyes civiles, si las hay. La promesa de matrimonio no da origen a una acción para pedir la celebración del mismo; pero si para el resarcimiento de daños, si en algún modo es debido*».

La principal novedad que se introduce en el actual Código, es la atribución de la competencia normativa a las Conferencias Episcopales, para emanar el derecho particular regulador de los esponsales y de las promesas de matrimonio, que habrán de tener en cuenta las costumbres y leyes civiles su las hubiese.

En el caso de España, la Conferencia Episcopal española ha dispuesto que «*tenga fuerza de ley canónica la legislación civil española que regula los esponsales tanto la del Código civil como la de los Derecho forales, quedando integra la salvedad del*

---

230   El anterior canon 1017 exigía la escritura firmada por las partes, y además, por el párroco o el ordinario del lugar o al menos por dos testigos, debiéndose añadir un testigo más cuando una de las partes no supiese escribir.

canon 1290», es decir, que no sea contraria al derecho divino, o que el Derecho canónico manifieste otra cosa diferente[231].

Es importante determinar que, para la promesa de matrimonio, es necesario que el hombre y la mujer tengan capacidad para prestarla, que su voluntad carezca de vicios y que el matrimonio sea jurídicamente posible.

Por último, al igual que ocurre en el Derecho civil, la promesa de matrimonio no da origen a una acción para pretender su cumplimiento, sino únicamente para el resarcimiento de los daños que se hubiere podido producir[232].

II. EXPEDIENTE MATRIMONIAL

El expediente matrimonial es el instrumento formal en el que se deja constancia del examen hecho a los contrayentes y del resultado de las proclamas; su obligatoriedad jurídica es incuestionable. Tiene dos objetivos, en primer lugar, averiguar el estado de libertad de los contrayentes. En segundo lugar, constatar que no hay ninguna circunstancia que se oponga a la válida y lícita celebración del matrimonio. Estamos, por tanto, ante una serie de actuaciones previas al matrimonio, que tienen una finalidad de determinar que el hombre y la mujer que quieren contraer matrimonio son jurídicamente aptos para la celebración del mismo. Su carácter imperativo viene determinado por lo establecido en el c. 1066: «*Antes de que se celebre el matrimonio debe constar que nada se opone a su celebración válida y lícita*». En relación con los requisitos y formalidades que debe reunir el expediente matrimonial, el Código se remite a lo que cada Conferencia Episcopal establezca en a este respecto[233]. De esta forma, la Conferencia Episcopal Española, aprobó el Decreto 26 de noviembre de

---

231   En Cuarto Decreto General (art. 2) de 21 de noviembre de 1986 en Boletín Oficial de la Conferencia Episcopal Española 16 (1987) p. 156.

232   La CPI en respuesta de 3 de junio de 1918, manifestó que no puede impedirse la celebración de uno de los promitentes con tercera persona durante el juicio de resarcimiento de daños en *AAS,* v.10, p. 345.

233   C. 1067 establece que: «La Conferencia Episcopal establecerá normas sobre el examen de los contrayentes, así como sobre las proclamas matrimoniales u otros medios oportunos para realizar las investigaciones que deben necesariamente preceder al matrimonio, de manera que, diligentemente observadas, pueda el párroco asistir al matrimonio».

1983 que entró en vigor el 7 de julio de 1984, en el que en su art. 12 establece que: «*Para dar cumplimiento al c. 1067 hágase un expediente matrimonial que incluya el examen de los contrayentes y de los testigos indicados en el Anexo de este decreto. (Anexo 2) Además publíquense las proclamas por edicto fijado en las puertas de las Iglesias por un plazo de quince días o, donde haya tradición de ello, léanse las proclamas habituales al menos en dos días de fiesta*»[234].

El responsable de realizar el expediente matrimonial es el párroco que de hecho va a asistir al matrimonio. Cabe la posibilidad de que también lo pueda realizar persona distinta, para ello el Código establece la obligatoriedad de comunicar el resultado al párroco responsable[235].

III. LAS PROCLAMAS

Las proclamas son uno de los medios que establece el derecho para averiguar si existe alguna circunstancia que se oponga a la válida celebración del matrimonio. Aunque el matrimonio es una relación interpersonal, como venimos advirtiendo en capítulos anteriores, tiene una relevancia social indiscutible. Por ello, las proclamas tienen como finalidad dar publicidad al matrimonio que hombre y mujer van a contraer, con el objetivo de que el resto de miembros de la comunidad conozcan el mismo, y que no existe nada que se oponga a la celebración del matrimonio.

El propio Código en su canon 1969 establece que todos los fieles tienen la obligación de manifestar al párroco u ordinario del lugar, antes de la celebración del matrimonio, cualquier impedimento del que hayan tenido conocimiento[236].

Únicamente se verán libres de la expresar la manifestación de posibles impedimentos, aquellas personas que tuviesen

---

234 Decreto General de 26 de noviembre de 1983 en Boletín Oficial de la Conferencia Episcopal Española 3, (1984) p. 112.

235 C. 1070 establece que: «*Si realiza las investigaciones alguien distinto del párroco a quien corresponde asistir al matrimonio, comunicará cuanto antes su resultado al mismo párroco, mediante documento auténtico*».

236 Cuando hacemos referencia a los impedimentos, no solo a los que recoge el CIC, sino también a cualquier otra causa que pueda hacer nulo el matrimonio.

noticia de ellos bajo secreto sacramental o profesional; y los que por alguna razón en el caso de revelarlo temiesen un grave daño para ellos o sus personas cercanas.

IV. FORMA LITÚRGICA

Como venimos manifestando en apartados anteriores, una de las características del matrimonio es su carácter sacramental, por lo que la celebración del mismo debe ir acompañada de determinados ritos y ceremonias, que constituyen la forma litúrgica de celebración. Para algunos autores, la forma litúrgica se prescribe para todos aquellos actos jurídicos que sean a la vez actos de culto público y no son necesarios para la validez del acto[237].

Por tanto, debe entenderse por forma litúrgica, el conjunto de ritos y ceremonias de carácter religioso que acompañan a la celebración del matrimonio entre hombre y mujer, entre los que se encuentran la bendición nupcial y la prestación del consentimiento, pero no afectan a su validez[238].

En el CIC de 1917 la distinción entre estos dos elementos (bendición nupcial y prestación del consentimiento) se apreciaba de una manera mucho más clara que en la actual regulación[239]. En la actualidad, la bendición constituye uno de los elementos del rito de la celebración, puesto que, debe impartirse normalmente, tanto si el matrimonio se celebra durante la misa como si se celebra sin misa.

Se reitera el principio ya enunciado en el anterior Código de 1917, en el que han de observarse los ritos prescritos en los libros litúrgicos o introducidos por legitima costumbre (c.1119). También el canon 1120 establece la posibilidad a las diferentes Conferencias episcopales para que con la aprobación de la Santa Sede, la elaboración de un rito propio del matrimonio que se congruente con las costumbres del lugar,

---

237 Un ejemplo es CIPROTTI, P. en *Lezioni di diritto canonico,* Padova, 1943, p. 160.

238 Tal y como recoge GARCÍA GÁRATE, A. *El matrimonio canónico...* ob. cit. p. 112.

239 Esto era así porque el rito de celebración, salvo alguna excepción, era siempre obligado, mientras que la bendición nupcial era objeto de exhortación, debía impartirse únicamente dentro de la misa y estaba prohibida en tiempo de fiesta.

con la advertencia de que no se puede desvirtuar algo que en realidad no es litúrgico, sino un elemento sustancial que no puede ser alterado por el derecho, como es que la persona que asiste el matrimonio ha de pedir y recibir el consentimiento de los contrayentes.

V. LUGAR DE CELEBRACIÓN

Al tener el matrimonio un carácter sacramental, el mismo debe celebrarse en un lugar sagrado; concretamente una iglesia, que como norma general debe ser iglesia parroquial. El vigente Código es flexible en cuanto al lugar de celebración, el canon 1118 establece «*El matrimonio entre católicos o entre una parte católica y otra parte bautizada no católica se debe celebrar en una iglesia parroquial; con licencia del Ordinario del lugar o del párroco puede celebrarse en otra iglesia u oratorio. El Ordinario del lugar puede permitir la celebración del matrimonio en otro lugar conveniente. El matrimonio entre una parte católica y otra no bautizada podrá celebrarse en una iglesia o en otro lugar conveniente*». Podemos observar, que toma como nota determinante la confesión religiosa de las personas que van a contraer matrimonio, así las cosas:

a) Si ambos son católicos debe celebrarse en una iglesia parroquial, pudiendo tanto el párroco como el Ordinario del lugar autorizar la celebración en otra iglesia o en un oratorio, mientras que si es en «otro lugar conveniente» la autorización solo es posible por parte del Ordinario.

b) En el caso de que se trate de un matrimonio mixto rigen las mismas normas que en al apartado anterior.

c) Para el caso de que estemos ante un matrimonio dispar, podrá celebrarse en una iglesia o en otro lugar conveniente. Este precepto tiene un carácter muy impreciso, por lo que debe pronunciarse en cada caso por decisión del Ordinario del lugar.

VI. LA INSCRIPCIÓN

La evolución jurídica que ha recibido el matrimonio canónico, registra un avance progresivo en la senda de la seguridad jurídica y la certidumbre sobre la validez del vínculo asumidos por los contrayentes con la inscripción del mismo. Es el párroco quien ha de procurar la inscripción en el denominado libro matrimonial, que obra en cada parroquia, tal y como recoge el canon 535.1 cuando establece que: «*En cada parroquia se han de llevar los libros parroquiales, es decir de bautizados, de matrimonios y de difuntos, y aquellos otros prescritos por la Conferencia Episcopal o por el Obispo diocesano; cuide el párroco de que esos libros se anoten con exactitud y se guarden diligentemente*». No es necesario que sea el párroco quien realice la inscripción; esto es por lo que el canon 1121.1 refiere al párroco o quien haga sus veces[240].

En dicha inscripción debe figurar el nombre de los contrayentes, así como el nombre del asistente, testigos, lugar y fecha de la celebración.

Por último, también es necesario la anotación marginal en el libro de bautismo, según los cánones 535.2 y 1122.1. Cuando el lugar de celebración coincide con el lugar del bautismo de ambos contrayentes, el párroco deberá anotar en el libro de bautismo, la fecha y lugar del matrimonio. Para el supuesto de que se traten de parroquias distintas, se notificará a la parroquia donde se celebró el bautismo para su anotación tal y como recoge el c. 1122.2[241].

---

240 C.1121.1 recoge que: «*Después de celebrarse el matrimonio, el párroco del lugar donde se celebró o quien hace sus veces, aunque ninguno de ellos hubiera asistido al matrimonio, debe anotar cuanto antes en el registro matrimonial los nombres de los cónyuges, del asistente y de los testigos, y el lugar y día de la celebración, según el modo prescrito por la Conferencia Episcopal o por el Obispo diocesano*».

241 C.1122.2 que estable que: «*Si un cónyuge no ha contraído matrimonio en la parroquia en la que fue bautizado, el párroco del lugar en el que se celebró debe enviar cuanto antes notificación del matrimonio contraído al párroco del lugar donde se administró el bautismo*».

CAPÍTULO X.

LA FORMA JURÍDICA DEL MATRIMONIO CANÓNICO

I. INTRODUCCIÓN

Por forma del acto jurídico debemos entender, la forma a través de la cual se manifiesta el acto de la voluntad, base de cualquier acto jurídico. El ordenamiento jurídico de la Iglesia reconoce, con carácter general el principio de libertad de forma. Sin embargo, en algunos casos el ordenamiento canónico estipula una modalidad solemne, como así ocurre en el supuesto de que hombre y mujer quieran contraer matrimonio.

Así las cosas, la emisión el consentimiento matrimonial se debe realizar observando los requisitos formales necesarios para la validez del matrimonio, es decir, que debe ser legítimamente manifestado, esto se desprende del c. 1057.1 cuando recoge que «*el matrimonio lo produce el consentimiento de las partes legítimamente manifestado...*» y del canon 1108.1, que en la misma línea establece que «*solamente son válidos aquellos matrimonios que se contraen ante el Ordinario del lugar o el párroco, o un sacerdote o diácono delegado por uno de ellos para que asistan, y ante los testigos...*»[242].

La forma esencial para la validez del matrimonio, consiste en la presencia a la hora de manifestar el consentimiento del Ordinario, párroco, o de un delegado de ellos y la presen-

---

242   Quedando a salvo las excepciones de que se trata en los cc. 144, 1112. 1; 1116 y 1127. 1 y 2

cia de dos testigos. También, junto a la denominada forma, ordinaria el ordenamiento regula supuestos de urgencia necesidad, en que fuera imposible cumplir con lo anterior, previendo la validez del matrimonio celebrado únicamente ante la presencia de dos testigos, lo que se denomina forma extraordinaria[243].

II. FORMA ORDINARIA

2.1. Personas obligadas a la forma canónica

La forma jurídica denominada ordinaria, obliga únicamente aquellas personas bautizadas que han sido incorporadas a la Iglesia católica, por haber recibido el bautismo o haber sido recibido en ella tal y como establece el canon 1117[244].

La incorporación a la Iglesia católica, tiene lugar con la recepción del bautismo o el ser admitido por ella mediante acto de conversión. No es suficiente, por tanto, haber recibido de una manera válida el bautismo, sino que es necesario haberlo recibido en la Iglesia, es decir, tener la intención de ser agregado a la misma. La conversión supone a efectos de lo establecido en el canon, la profesión pública de la fe católica y la admisión a la recepción de los sacramentos[245]. Algunos autores equiparan la conversión al hecho de haber sido en la religión católica, cuando habiendo sido bautizados fuera de la misma, los padres se convirtieron al catolicismo[246].

---

243 AZNAR, F. «La revisión de la forma canónica del matrimonio en el Concilio Vaticano II», en *REDC,* 1982, pp. 507-534.

244 Importante la modificación MP de Benedicto XVI *Omnium in mentem* de 26 de octubre de 2009 que evitó la inseguridad jurídica que provenía de una interpretación discutida del alcance de la exención («no se haya apartado por ella por acto formal»). Exención que conllevaba que los fieles que ignoraban la forma encontrándose en el supuesto de abandono formal quedaban válidamente casados ante la Iglesia y en el supuesto de que el matrimonio fracasase no podían contraer matrimonio de nuevo. Ahora al haber sido suprimida la exención aquellas personas alejadas de la Iglesia que se casan ignorando la forma, en el caso de que la unión fracase quedan libres para volver a contraer matrimonio «regularizando» su situación su situación ante la Iglesia.

245 SUÁREZ, G. «Ámbito personal de la obligatoriedad de la forma canónica para contraer matrimonio» en *REDC,* 32, n.º 31, 1976, pp. 5-51.

246 CAPELLO, F.M. *De Sacramentis...* ob. cit. n.º 700.

2.2. Ministro asistente

Tal y como hemos visto, el canon 1108 establece que:» *Solamente son válidos aquellos matrimonios que se contraen ante el Ordinario del lugar o el párroco, o un sacerdote o diácono delegado por uno de ellos para que asistan...».*

Antes de explicar que se entiende por Ordinario o párroco es importante determinar sus competencias. Así, la competencia de estos se circunscribe a los límites del territorio de su jurisdicción, tal y como recoge el canon 1109 que indica que: *«El Ordinario del lugar y el párroco, a no ser que por sentencia o por decreto estuvieran excomulgados, o en entredicho, o suspendidos del oficio, o declarados tales, en virtud del oficio asisten válidamente en su territorio a los matrimonios no sólo de los súbditos, sino también de los que no son súbditos, con tal de que al menos una de las partes esté adscrita a la Iglesia latina».* De ello, se deduce que el párroco y Ordinario asisten válidamente a cualquier matrimonio que se celebre dentro de su territorio, por lo que dentro del mismo no necesita autorización o delegación, aunque se trate de contrayentes no súbditos. Mientras que fuera de su territorio, no puede asistir válidamente aunque estemos en el supuesto de contrayentes súbditos[247].

Por Ordinario del lugar, debemos entender además del Sumo Pontífice, los Obispos diocesanos, y todos aquellos que han sido nombrados para regir una iglesia particular o comunidad a ella equiparada, según establece el canon 368. También según recoge el canon 134, aquellas personas que tienen una potestad ejecutiva ordinaria como son los Vicarios generales y episcopales.

Por párroco, debemos entender, el titular ordinario de la potestad para asistir al matrimonio, hay que tener en cuenta que no se ha de interpretar el término en un sentido estricto. Por lo que son titulares de dicha potestad, los párrocos en sentido estricto; el sacerdote que tiene encomendada una cuasiparroquia, el que tiene asignada una parroquia a

---

247 Respecto al requisito de que uno de los contrayentes pertenezca al rito latino, la sentencia c. De Jorio de 12 de noviembre de 1980 se pronunció que los católicos de rito oriental han de contraer matrimonio ante un ministro del propio rito o delegado por este, sin que sea suficiente la delegación obtenida de una autoridad eclesiástica de rito latino en *IDE,* 1981, II, pp. 102-107.

título de moderador[248], por último, los vicarios parroquiales cuando tengan asignada una potestad parroquial.

2.3. Delegación para asistir al matrimonio

Además del Ordinario del lugar y del párroco explicado en el punto anterior, el ordenamiento canónico permite que estos puedan delegar su competencia para la celebración del matrimonio a un sacerdote o diacono[249]. Para que la delegación se produzca de una manera válida, debe otorgarse válidamente a una persona personas determinadas.

Existe también la posibilidad que la delegación se pueda conferir a laicos[250], si bien tiene un carácter excepcional y subsidiario en el que se deben cumplir tres requisitos:

a) Que no haya sacerdotes ni diáconos que puedan asistir al matrimonio.

b) Que el Obispo diocesano confiera la delegación.

c) Que haya informe favorable de la Conferencia Episcopal y licencia de la Santa Sede.

2.4. Testigo común

El testigo es el que da testimonio de lo que ha visto u oído. Tal y como recoge el canon 1108, para la validez del matrimonio se requiere la presencia de dos testigos. Son aquellas personas que asisten a la celebración del matrimonio y dan testimonio de que ha visto y oído al hombre y a la mujer intercambiarse el consentimiento, aunque no tenga la intención

---

248 Cánones 516 y 517.

249 C. 1111.1 «*El Ordinario del lugar y el párroco, mientras desempeñan válidamente su oficio, pueden delegar a sacerdotes y a diáconos la facultad, incluso general, de asistir a los matrimonios dentro de los límites de su territorio, quedando firme sin embargo lo que prescribe el c. 1108 § 3*».

250 Tal y como recoge el canon 1112 que establece que: «*Donde no haya sacerdotes ni diáconos, el Obispo diocesano, previo voto favorable de la Conferencia Episcopal y obtenida licencia de la Santa Sede, puede delegar a laicos para que asistan a los matrimonios, quedando firme lo establecido en el c. 1108 § 3. Se debe elegir un laico idóneo, capaz de instruir a los contrayentes y apto para celebrar debidamente la liturgia matrimonia*».

de hacer de testigo[251]. El testigo ha de constatar que ha oído la prestación del consentimiento, y visto los signos con los que los esposos se han entregado y recibido mutuamente[252].

Desde el punto de vista de la licitud, se recomienda que los testigos sean mayores de edad[253]. Están incapacitados para ser testigos quienes carecen de uso de razón.

2.5. Dispensa de la forma ordinaria

La actual regulación que hace el CIC prevé y regula unos supuestos concretos, la facultad de la que gozan los Obispos para dispensar de la forma ordinaria en los casos de peligro de muerte, en la celebración de los matrimonios mixtos o en el supuesto de matrimonios dispares. En estos dos últimos supuestos, para que se pueda dispensar, se deben dar los siguientes requisitos:

1. Dificultades graves que impidan la observancia de la forma canónica.

2. La potestad le corresponde al Ordinario del lugar de la parte católica.

3. En cada caso se debe consultar al Ordinario del lugar en que se celebra el matrimonio.

4. Es necesario para la validez del matrimonio, alguna forma pública de celebración[254].

2.6. El matrimonio secreto

Es una forma especial de celebración del matrimonio dentro de la forma ordinaria. Su característica principal, aunque

---

251 ORTIZ, M.A. «La forma canonica quale garanzia della verità del matrimonio», *Ius Ecclesiae* 15, 2003 pp. 371-406.

252 ABATE, A.M. *Il matrimonio nella nuova legislazione canonica,* Brescia, 1985, p. 152.

253 Se recomienda que sean católicos y de buena fama.

254 C. 1127.2 establece que: «*Si hay graves dificultades para observar la forma canónica, el Ordinario del lugar de la parte católica tiene derecho a dispensar de ella en cada caso, pero consultando al Ordinario del lugar en que se celebra el matrimonio y permaneciendo para la validez la exigencia de alguna forma pública de celebración; compete a la Conferencia Episcopal establecer normas para que dicha dispensa se conceda con unidad de criterio*».

pueda resultar obvio es que se celebra en secreto. Lo característico de este tipo de matrimonio es:

a) El carácter reservado de las investigaciones previas con supresión de las proclamas y de aquellas actuaciones del expediente matrimonial que pudieran comprometer el secreto[255].

b) El acto de celebración debe estar rodeado de un profundo secreto, por parte del Ordinario del lugar, ministro asistente, testigos y cónyuges[256].

III. FORMA EXTRAORDINARIA

Junto a la forma ordinaria de celebración del matrimonio canónico, Código regula con carácter subsidiario la denominada forma extraordinaria. Esta se aplicará en aquellos supuestos que no es posible cumplir con los requisitos de la forma ordinaria.

Esta forma de celebración del matrimonio canónico consiste en la presencia de dos testigos que puedan acreditar la celebración del matrimonio.

La validez de la forma extraordinaria únicamente se produce ante la imposibilidad de acudir a un ministro asistente (c.1116). A lo anterior esto hay que añadir una determinación de tipo temporal:

a) La urgencia de la celebración del matrimonio por causa de peligro de muerte para alguno de los contrayentes

b) O bien, que la ausencia del ministro asistente se prolongue por espacio de un mes.

c) La inscripción será en el libro especial que se conserva en el archivo secreto de la Curia diocesana (c.1133).

Por último, el Código establece que, respecto al Ordinario del lugar, cesa la obligación de guardar secreto cuando, de su observancia, se siguiera peligro de escándalo grave

---

255 El c.1131.1 recoge que: «*El permiso para celebrar el matrimonio en secreto lleva consigo: que se lleven a cabo en secreto las investigaciones que han de hacerse antes del matrimonio*».

256 El c. 1131.2 recoge que: «*...el Ordinario del lugar, el asistente, los testigos y los cónyuges guarden secreto del matrimonio celebrado*».

o grave injuria a la santidad del matrimonio, esto debe ser advertido a los cónyuges antes de la celebración del mismo[257].

---

257 C.1132 recoge que: «*Cesa para el Ordinario del lugar la obligación de guardar secreto, de la que se trata en el c. 1131, 2, si por la observancia del secreto hay peligro inminente de escándalo grave o de grave injuria a la santidad del matrimonio, y así debe advertirlo a las partes antes de la celebración del matrimonio*».

CAPÍTULO XI.

EL CONSENTIMIENTO MATRIMONIAL

I. EVOLUCIÓN HISTÓRICA

El matrimonio lo produce el consentimiento, es decir, sin consentimiento no es posible que exista el matrimonio. Uno de los hitos del Derecho matrimonial canónico es precisamente, la afirmación de que el matrimonio lo creo el consentimiento, por lo tanto, podemos manifestar que es la causa eficiente.

Esto no ha sido siempre así, puesto que a lo largo de la historia podemos observar fundamentalmente dos teorías para determinar en qué momento quedaba constituido el matrimonio.

La primera, la teoría consensual o del consentimiento, parte del axioma de la jurisprudencia romana «*Nuptias non concubitus, sed consensus facit*»[258], donde el matrimonio se constituía, por la *affectio maritalis,* que ya hemos visto en puntos anteriores. La segunda, la llamada teoría de la cópula, encontraba su apoyo en el derecho germano, donde el perfeccionamiento del contrato se realizaba mediante la *traditio* de la esposa. Los seguidores de esta corriente, defendían que era necesaria la consumación del mismo para su constitución[259].

---

258   D. 35,1, 15.

259   Un ejemplo es Hincmaro de Reims, quien se puede considerar el primer autor que recoge con mayor precisión la llamada teoría de la cópula, indica que la celebración del matrimonio (*la desponsatio*) engendra un vínculo entre los contrayentes, pero no es sacramento

Esta discusión por una teoría u otra alcanzo su máxima expresión en el Siglo XII, con el enfrentamiento de dos grandes escuelas, la jurídica representada por Graciano y otra la teológica cuyo máximo exponente era Pedro Lombardo.

Graciano, fue el que más contribuyó a la teoría de la cópula, al señalar en su *dictum* que el matrimonio se inicia con la *desponsatio* pero que se perfecciona con la *commixtio*[260], por lo que el vínculo se forma precisamente con la consumación. Por su parte, Pedro Lombardo, defiende la teoría consensual en su cuarto libro de Sentencias[261], en el que el matrimonio se perfeccionaba con el consentimiento de presente y era indisoluble con independencia de que se consumara o no[262].

Con estos autores quedaban fiadas las posiciones, en la que los autores posteriores se dividirán entre la Escuela de Bolonia (teoría de la cópula) y la Escuela de París (teoría del consentimiento). La solución a esto la pondrán dos grandes pontífices como fueron Alejandro III e Inocencio III, que resolvieron la disputa imponiendo en el siglo XIII la teoría del consentimiento, que desde entonces rige de forma pacífica. Un ejemplo es en el Concilio de Florencia de 1439, donde se declara que la causa eficiente del matrimonio regularmente es el mutuo consentimiento por palabras de presente[263].

El principio consensual se ha extendido a la práctica totalidad de los ordenamientos. Sirva como ejemplo el art. 16.2 de la Declaración Universal de Derechos humanos que establece que: «*Solo mediante libre y pleno consentimiento de los futuros esposos podrá contraerse matrimonio*».

---

hasta que el matrimonio ha sido consumado, se puede observar en el análisis que hace de la doctrina de Hincmaro RINCÓN, T. *El matrimonio, misterio y signo. Siglos IX al XIII,* Pamplona, 1971, pp. 67-85.

260 GRACIANO, *Decretum,* C. XXVII, q.2, c.34.

261 LOMBARDO, P. *Sententiarum libri quatuor,* lib. IV, dists. 26-28.

262 Su oposición al pensamiento de Graciano era clara, como ejemplo cuando se remite a Isidoro, al Papa Nicolás I, Juan Crisóstomo y Ambrosio, y escribe «el consentimiento, esto es el pacto conyugal, hace el matrimonio; y desde entonces hay matrimonio, aunque no haya precedido o seguido la cópula conyugal» en Lombardo, P. *Sententiarum...* ob.cit. dist. 27, cap. 3).

263 DENZINGER, H. *El Magisterio de la Iglesia. Manual de los símbolos, definiciones y declaraciones de la Iglesia en materia de fe y costumbres.* Barcelona.1963.

II. FUNCIÓN DEL CONSENTIMIENTO MATRIMONIAL

Como venimos explicando, para la constitución del matrimonio es absolutamente necesario el consentimiento, *y es la única causa eficiente del mismo.* No habrá consentimiento si no hay voluntad de los contrayentes, y el consentimiento será matrimonial cuando se dirija a la constitución del objeto del matrimonio, es decir, al consorcio de toda la vida.

El consentimiento pertenece al orden del Derecho natural, en cuanto a que es necesario para que surja la vinculación jurídica entre los sujetos que quieren contraer matrimonio, una necesidad impuesta por la propia naturaleza de integración del pacto matrimonial, HERVADA lo describe como «el hombre y la mujer, por estatuto ontológico, esto es, por estatuto creacional, son naturalmente el uno para el otro; están dados, destinados, el uno al otro por naturaleza. Sólo falta que el consentimiento, por la entrega y la aceptación, determine en ese varón y en esa mujer concretos la genérica destinación de la mujer y el varón y del varón a la mujer»[264]. Sin perjuicio de volver en el siguiente apartado, conviene destacar la función que se atribuye al consentimiento matrimonial:

1. Tiene valor constitutivo, cuando se cumplen los requisitos establecidos por el ordenamiento, el consentimiento es el perfeccionamiento del acto jurídico del matrimonio, en cuanto a sistema de relaciones jurídicas.

2. Como consecuencia del anterior, el consentimiento matrimonial es absolutamente necesario. No es posible un matrimonio si no ha precedido el consentimiento. En este sentido KNECHT manifiesta que «el matrimonio es un negocio jurídico de singular especie, y como tal precisa una concreta declaración de voluntad, cuya naturaleza exige la forma de un contrato; por su perfección depende del mutuo acuerdo de los contrayentes, y es de tal modo esencial e indispensable el consentimiento para la perfección del matrimonio que, de un lado, ningún poder humano

---

264 HERVADA, J. «Relación sobre la esencia del matrimonio y el consentimiento matrimonial» en *Diritto, persona e vita sociale. Scritti in memoria di Orio Giacchi.* Milano: Vita e Pensiero, 1984. Vol. I, p. 480-488.

puede suplirlo, y, por otro, desde el momento que es prestado por personas jurídicamente capaces en la forma prescrita, el matrimonio recibe su ser sustancial, con todos sus efectos y consecuencias»[265].

3. Insustituible, se trata de un acto personal, que resulta insustituible, ni por los padres, parientes, ni por autoridad canónica ni civil.

4. No se debe confundir la existencia de consentimiento y existencia con validez del matrimonio[266], como veremos en capítulos posteriores el consentimiento no solo debe cumplir una serie de requisitos legales, sino también encontrarse libre de vicios.

5. El consentimiento matrimonial, cuando ha producido sus efectos, concretamente la aparición del vínculo conyugal, tiene carácter irrevocable. Un consentimiento prestado con carácter revocable no tendría la consideración de consentimiento matrimonial[267]. Esto es lógico, dada la indisolubilidad del matrimonio canónico.

III. CONCEPTO

El código regula el consentimiento en el c. 1057 estableciendo que: «1. *El matrimonio lo produce el consentimiento de las partes legítimamente manifestado entre personas jurídicamente hábiles, consentimiento que ningún poder humano puede suplir. 2. El consentimiento matrimonial es el acto de la voluntad, por el cual el varón y la mujer se entregan y aceptan mutuamente en alianza irrevocable para constituir el matrimonio».*

Podemos observar, como el primer punto está dedicado al consentimiento eficiente y a sus efectos. El segundo, hace referencia a la naturaleza del elemento voluntario o al acto

---

265 KNECHT, A. *Derecho matrimonial católico,* traducción castellana de Gómez Piñan, Madrid, 1932, p. 414.

266 RODRIGO, L. «De relatione inter matrimoniii mullitatem et nullitatem consensus matrimonialis» en *Miscelánea de Comillas,* 4 (1945), 9-126.

267 HERVADA, J. «La revocación del consentimiento matrimonial», en *El consentimiento matrimonial hoy,* Barcelona, 1976, pp. 269-281.

de voluntad del varón y la mujer al entregarse y aceptarse con la intención de contraer matrimonio. Por tanto, el primer párrafo define el consentimiento eficiente y sus tres componentes insustituibles como son:

a) La intención voluntaria verdaderamente conyugal.

b) La capacidad legal de los contrayentes.

c) La forma legítimamente manifestada entre los cónyuges y la Iglesia.

El segundo párrafo focaliza la voluntariedad del consentimiento, esto es, su naturaleza de acto de voluntad con la específica intención de unirse en matrimonio. Por acto de la voluntad debe entender aquella decisión del sujeto, de manera que esta determinación de contraer matrimonio sea suya en sentido pleno, originario y final. Es una facultad de la propia persona, de manera que por la cual es capaz de ser responsable de sus propios actos.

IV. REQUISITOS DE LA MANIFESTACIÓN DEL CONSENTIMIENTO

En efecto, el consentimiento debe ser legítimamente manifestado, lo que implica exterioridad, y de acuerdo con los requisitos señalados por el ordenamiento. Entre estos, prescindiendo ahora de los que constituyen la forma jurídica sustancial vista en el capítulo anterior (forma de recepción), estudiaremos los de emisión que podemos sintetizar de la siguiente forma:

1. La declaración ha de ser seria y no fingida, lo que excluye la declaración representativa (por ejemplo, teatral, didáctica, etc.). Debe responder a una voluntad real y sincera de contraer matrimonio.

2. Debe haber una concordancia entre lo que los cónyuges manifiestan y lo internamente querido, esto se presume (presunción *iuris tantum*).

3. Los contrayentes deben estar presentes en el mismo lugar, por si o por procurador (c.1104), lo que excluye el supuesto de que se pueda manifestar el consentimiento por otros medios de comunicación a distancia, como podría ser por carta.

4. La expresión del consentimiento debe realizarse con palabras, en el supuesto de que esto no fuera posible, debe ser con signos equivalentes (c.1104).

5. Definido en cuanto a la identidad de la persona del otro contrayente (c.1097).

V. MATRIMONIO CELEBRADO POR PROCURADOR O INTÉRPRETE

Son dos supuestos especiales de manifestación del consentimiento matrimonial. El primero de ellos lo recoge el c.1104 en su apartado 1.º que admite «*Para contraer válidamente matrimonio... o en persona o por medio de un procurador*». De modo que el matrimonio por procurador es el celebrado sin la presencia física de uno o de los dos contrayentes, presencia, que es suplida por otra persona que tiene el deber de transmitir el consentimiento por mandato. Los requisitos para que se pueda dar este supuesto aparecen recogidos en el c. 1105, y son los siguientes:

1. Que se haya dado mandato especial para contraer con una persona determinada;

2. Que el procurador haya sido designado por el mandante, y desempeñe personalmente esa función.

3. Para la validez del mandato se requiere que esté firmado por el mandante y, además, por el párroco o el Ordinario del lugar donde se da el mandato, o por un sacerdote delegado por uno de ellos, o al menos por dos testigos; o debe hacerse mediante documento auténtico a tenor del derecho civil.

Para el supuesto de que el mandante no pueda escribir, el c. 1105 en su apartado 3.º establece que se debe hacer constar esta circunstancia en el mandato, y se añadirá otro testigo, que debe firmar también el escrito; en caso contrario, el mandato es nulo.

Por último, el c. 1105 en su apartado 4.º recoge el supuesto de que el mandante antes de contraer matrimonio por procurador revoca el mandato o cae en amencia, el matrimonio sería inválido, aunque el procurador o el otro contrayente lo ignorasen.

El segundo de los supuestos, lo recoge el c. 1106, y es el matrimonio celebrado con la colaboración de un intérprete. La función de este es diferente a la del procurador, ya que no actúa en representación del contrayente, sino que se limita a colaborar en la manifestación externa del consentimiento, sirviendo de mediador, cuando hubiera diferencia de idioma con la cautela de que el párroco no debe asistir en el supuesto de que no le conste la fidelidad del intérprete.

VI. REQUISITOS SUBJETIVOS

Genéricamente, la capacidad para prestar el consentimiento matrimonial exige el uso de la inteligencia y de la voluntad, siguiendo a GIMÉNEZ FERNÁNDEZ «el orden cronológico todo acto jurídico humano comienza por un acto de inteligencia, que suele llamarse aprehensión cognoscitiva, merced al cual el ser humano conoce el bien o la cosa que será objeto querido mediante volición»[268]. Siguiendo también la jurisprudencia rotal, no solo abarca la posibilidad de querer, sino también la previa posibilidad de comprender[269] Los requisitos subjetivos son 4, uso de razón, madurez de juicio y libertad interna y que la persona pueda asumir los deberes esenciales del matrimonio.

1. El uso de razón, la actividad humana se presenta como un fenómeno muy complejo. Para todo acto humano se necesita un mínimo conocimiento de la realidad, lo que generalmente se denomina uso de razón. La redacción del primer punto del canon 1095 establece: «*son incapaces para contraer matrimonio, 1.º quienes carecen de suficiente uso de razón*». El uso de razón es uno de los requisitos para que exista la capacidad psíquica para consentir, para decir sí. Pero es uno, ya que tradicional postura recibida por la jurisprudencia es que dicho uso de razón se alcanza a los 7 años.

---

268 GIMÉNEZ FERNÁNDEZ, M. *La institución matrimonial según el* Derecho *de la Iglesia católica*, Madrid, 1974, p. 201.

269 La c. Wynem de 31 de octubre de 1940 señala que «para que el consentimiento de las partes constituya realmente el sagrado pacto se requiere que este revestido de muchas cualidades. Pues el consentimiento no solo presupone en el contrayente el uso de razón, junto con el suficiente conocimiento de la naturaleza del matrimonio y la facultad volitiva de la que el consentimiento procede...» (*SRR,* v.58, p. 377).

Como resulta lógico, la edad de7 años mentalmente, no es la edad idónea para contraer matrimonio[270].

El canon 97.2 establece la presunción de que: «el menor, antes de cumplir 7 años se llama infante y se le considera sin uso de razón». El canon 1096.1 señala el límite mínimo del consentimiento válido: «...que los contrayentes no ignoren al menos que el matrimonio es un consorcio permanente destinado a la procreación mediante una cierta cooperación sexual». La edad en que se considera que una persona tiene este conocimiento, está fijada en el segundo párrafo de este mismo canon: 12 años en la mujer y 14 en el hombre. Y a partir, de esa edad en el momento de celebrar el matrimonio debe poseer un uso de razón, como mínimo, similar al que posee un niño de 7 años.

El canon 99 dispone que: *«quien carece habitualmente de uso de razón se considera que no es dueño de sí mismo y se equipara a los infantes».*

Por tanto, dentro de este punto nos encontramos que:

- La persona no ha adquirido el suficiente uso de razón. Se trata pues de la persona que no padece ninguna enfermedad psíquica, todavía no ha alcanzado el desarrollo necesario como para contraer matrimonio.

- La persona que no es dueña de sí misma, es decir, quienes afectados por una enfermedad mental —con independencia de su índole congénita o adquirida, endógena o exógena, o de su pretendida relevancia global o solo matrimonial— están privados, en el momento de prestar consentimiento, del uso expedito de sus facultades intelectivas o volitivas imprescindibles para emitir el acto humano.

2. Madurez de juicio, el primero que utilizó la expresión de discreción de juicio con aplicación a la capacidad psicológica requerida para poder contraer matrimonio y como punto de partida para la normalidad jurídica de la persona fue GASPARRI[271]. A tenor de sus palabras[272], sitúa al matrimonio como

---

270 DE REINA, V. *Lecciones de Derecho Matrimonial.* Barcelona, 1983, p. 437-439.

271 GASPARRI, P. *Tractatus canonicus de matrimonio,* T.P. Vaticanis (1932), vol. II, p. 12; Cf. GARCÍA FAILDE, J.J. *Manual de Psiquiatría forense canónica,* Salamanca, 1987, p. 15

272 *«Ad consencum contractualem in genere et matrimonialem in especie necessarium esse usum rationis palam est. At non sufficit usus ratio-*

una realidad exigente desde el punto de vista del consentimiento. Es necesario, como ya hemos visto el uso de razón, pero este elemento no es bastante. Es necesaria la madurez o discreción de juicio proporcionada a la esencia del contrato, de tal forma que, el contrayente sea capaz de entender la naturaleza y la fuerza vinculante del mismo. Si no se cumplen estas premisas no es posible un consentimiento válido.

Implica, por tanto, un grado más de conocimiento para poder emitir un consentimiento matrimonial válido. El Código al igual que con el uso de razón no da una definición de madurez o discreción de juicio[273]. La madurez está relacionada con la edad del sujeto, exigir por tanto una determinada edad de madurez fijado previamente puede desconocer el crecimiento natural de cada persona; lo que podría llevar a juzgar, injustamente, inmaduro a una persona que está recorriendo el camino natural de la progresiva adquisición de una nueva madurez, la cual llegará en un futuro con el crecimiento de la edad y la adquisición de una mayor experiencia. La madurez en mi opinión es un concepto relativo, y sobre todo, relativo a la edad.

Requiere que los contrayentes realicen un juicio crítico del matrimonio que va a llevar a cabo para que pueda valorar las consecuencias que se derivan de dicho matrimonio, tanto del ámbito personal, laboral, etc. De modo que se pueda tomar una decisión con los pros y contras basadas en un juicio práctico.

La madurez o discreción de juicio podemos observar que implica un grado más de conocimiento que el anterior.

3. Libertad interna, aunque suele incluirse dentro de la madurez de juicio, es preferible verlo de manera separada. Con la expresión falta de libertad interna se venía usando en la jurisprudencia desde antiguo, pero en la década de los 70 se empezó a usar con más frecuencia para ampliar el número de matrimonios nulos[274]. En determinados supuestos no se

---

nis simpliciter, sed requiritur discretio seu maritalis iudicii contractui proportionata, ita ut contrahens naturam et vim contractus intelligere possit; secus in eundem consentire nequit».

273   Aparece recogida hasta en seis ocasiones a lo largo del CIC, en los cánones 217; 244; 642;721; 795 y 1301.

274   Se utilizaba en supuestos de miedo, cuando no se podía demostrar coacción grave, eran caso en los que no había matrimonio nulo por

distinguen fácilmente la discreción de juicio de la libertad interna. Por ello, es preferible analizarla de forma separada. La libertad interna viene determinada por el carácter comprometedor del matrimonio.

Según RUANO «El consentimiento matrimonial, como acto de voluntad que da origen al matrimonio, ha de ser esencialmente un acto libre. Sin embargo, esta libertad puede verse mermada por la existencia de perturbaciones o alteraciones psíquicas que afectan a la voluntad, de forma que, aun cuando la persona perciba intelectivamente las diversas opciones, no puede prestar un consentimiento válido por incapacidad o debilidad de la voluntad que le impide actuar con absoluta libertad, y de ello no por una fuerza exterior, sino por un impulso interno»[275].

La discreción de juicio no debiera ser entendida solo, como la adecuada comprensión y valoración de la realidad matrimonial y de lo que esta implica, sino también como la necesaria libertad psicológica de elección de la persona del otro y del vínculo como unión personal en lo conyugable.

Puede ocurrir que, sin que se den todos los requisitos que recoge el c.1103, el cónyuge sufra una perturbación de tal índole en su interior que le impida realizar de forma satisfactoria todo el proceso deliberativo y cubrir con éxito la fase electiva y ejecutoria del consentimiento matrimonial. En todo caso, podrá llevar a cabo dicho proceso, pero en unas circunstancias de enajenación interna que haga inviable la afirmación de que esa persona contrajo matrimonio a través de un acto realmente libre y considerado como propio. Es decir, no es suficiente el juicio crítico y el resultado, es necesario además que la persona pueda poner en práctica su decisión, que tenga capacidad para llevar a cabo el resultado de su juicio. En definitiva, que tenga autonomía.

---

miedo y trataban el caso como falta de libertad interna sin que se demostrase una anomalía psíquica, las sentencias rotales venían corrigiendo este error manifestando que no se trataba de un capítulo nuevo porque siempre se daba un defecto grave de consentimiento, si se daba una falta de discreción de juicio se daba una falta de libertad interna.

275   RUANO, L. «La incapacidad para asumir las obligaciones esenciales del matrimonio por causas psíquicas como capítulo de nulidad», Bosch, Barcelona, 1989, pp. 75-76.

Es necesario en todo momento conocer el contenido y el significado del canon 1103[276], porque son dos cosas distintas el que la voluntad se haya desarrollado correctamente pero que por factores externos no pueda ser libre, y el que esa voluntad, precisamente por perturbaciones intrínsecas, no haya logrado la necesaria madurez y, por tanto, no sea capaz de ser libre. En el primer caso hay limitación externa de la voluntad, y en el segundo incapacidad intrínseca para ella.

Existe un determinado tipo de personas que, ante circunstancias internas o externas, de una determinada índole, sufren tal conmoción en su interior que les provoca una perdida grave del gobierno sobre sí mismas, actuando no de forma del todo libre y voluntaria. En definitiva, esta libertad interna se relaciona con la capacidad de autodeterminación de la persona y con la inmunidad de condicionamientos internos que puedan impedir u obstaculizar el acto humano. Estos condicionamientos se refieren exclusivamente a los que provienen del interior de la propia persona y que pueden ser de diversa naturaleza: constitucional, educacional, etc. Por tanto, no necesariamente se tiene que dar siempre esa falta de libertad interna en personas que sufran psicopatías y demás desequilibrios, sino que también puede darse en personas psíquicamente normales pero que por determinadas circunstancias se encuentran sometidas de forma temporal a situaciones excepcionales que condicionan su libertad[277].

4. Aptitud para asumir las obligaciones esenciales del matrimonio, es el cuarto factor para consentir o para contraer matrimonio según el concepto extraído de la doctrina legal de la incapacidad (c.1095.3), difiere de los tres elementos anteriores (uso de razón, madurez o discreción de juicio y libertad interna) que estos hacen posible la formación del acto voluntario desde el punto de vista intelectivo-volitivo; en cambio en supuesto de la aptitud para asumir las obligaciones esenciales del matrimonio hace referencia a la idoneidad de los sujetos para cumplir con la obligaciones esenciales de todo matrimonio.

---

276 C. 1103: «*Es inválido el matrimonio contraído por violencia o por miedo grave proveniente de una causa externa, incluso el no inferido del propio intento, para librarse del cual se vea obligado a elegir matrimonio*».

277 Un ejemplo sería un supuesto de un embarazo inesperado, sobre todo si se trata de contrayentes muy jóvenes. Todo ello, junto al temor a posibles comentarios, disgustos familiares u otro tipo de conductas ajena a los novios, que provoca que no gocen de la libertad suficiente con la que debe contraerse el matrimonio.

Podemos definirla como la habilidad para asumir todo lo que es objeto del consentimiento, es decir, todo lo que pueda estar comprendido en el *consortium omnis vitae*, cuya ausencia podría dar lugar a la incapacidad de asumir. Lo determinante aquí y veremos con posterioridad cuando veamos la incapacidad de asumir, es determinar que son los elementos esenciales del matrimonio.

CAPÍTULO XII.

INCAPACIDAD PSICOLÓGICA CONSENCUAL

I. INTRODUCCIÓN

En el Código de 1917 no se hablaba de incapacidades. Se enunciaba el principio general de la causalidad y el objeto de consentimiento matrimonial, y ahí se deducía perfectamente, según el estado de la doctrina y de la jurisprudencia, quiénes eran incapaces de prestar tal consentimiento.

A partir de los años 60, se puso de manifiesto, sobre todo en Estados Unidos, la temática sobre la llamada impotencia psíquica o impotencia moral. Como ejemplo podemos poner a KEATING, que en 1964 publicó su tesis, bajo la dirección de HUIZING, P, sobre este tema[278].

En ese contexto, la Comisión Revisora del Código entendió que era conveniente introducir un canon que reflejara el estado de la doctrina y de la jurisprudencia[279] . A juicio de la Comisión redactora del actual Código, existía una diferencia esencial entre las dos primeras raíces de incapacidad y la tercera, y por eso las propone en cánones separados[280]. En el

---

278 KEATING, J.R. «*The Bearing of Mental Impairment on the Validity of Marriage*» Roma 1964.

279 Communicationes 3, 1971, p. 77.

280 Escribe el Relator, P. Huizing: «*Dum in duabus prioribus casibus ipse actus subiectivus sane psychologicus consensus defectu substantiali laborat; in ultimo casu parte contrahentis actus ille forte integer elici potest, ipse tamen incapax est obiectum consensus implendi, inde*

canon de la incapacidad para asumir las obligaciones esenciales del matrimonio aparecía la limitación de tal categoría solo a las anomalías psicosexuales, limitación que tenía su explicación en el hecho de que la jurisprudencia rotal había aplicado esa categoría únicamente en el campo sexual.

La doctrina ha intentado establecer diferentes grupos de enfermedades, perturbaciones y desórdenes de la personalidad con arreglo a criterios proporcionados por la Psicopatología y la Psiquiatría para clasificar los diferentes supuestos. Algunos autores distinguen cuatro grandes grupos:

1. Psicosis, aquellos trastornos mentales tan acusados que convierten al individuo aquejado en un ser socialmente incompetente, irresponsable, que tienen gravemente alteradas sus funciones intelectuales y emocionales.

2. Neurosis, cuyos síntomas son la expresión de un conflicto psíquico interno y la manifestación de defensa contra la angustia que procede de ese conflicto interior.

3. Personalidad psicopática, se trata de un desequilibrio cuantitativo de la personalidad, mientras que en las psicosis y neurosis se trata de un desequilibrio cualitativo. En este tipo de personas, predomina una personalidad excesiva y anormal de alguno de los componentes de la personalidad, un ejemplo serías las depresiones, fanáticos, etc.

4. Trastornos ocasionales, se refiere a aquellas personas que, sin tener propiamente una anomalía estable de su psiquismo, por una circunstancia accidental y episódica pueden verse en un estado de ánimo idéntico al que resulta de una auténtica anomalía psíquica[281].

Estas anomalías como es lógico afectan al consentimiento matrimonial, ya que se trata de un negocio jurídico constitu-

---

incapax quoque est assumptam obligationem implendi; quare tertius quoque casus recesendus videbatur inter defectus consensus, potius quam subsumendus sub nomine impotentiae, non quidem physicae, sed moralis, antecedente ratione confusionis cum impotentia physica vitandae» (*Communicationes,* 3, 1971,77).

281   En AISA GOÑI, M. «Anomalías psíquicas: doctrina jurídica y jurisprudencia» en VARIOS, *Curso de Derecho matrimonial y procesal canónico,* 2, pp. 241-242.

tivo de una especial comunidad de vida entre dos personas, plena, indisoluble y ordenada al bien de los cónyuges y la procreación. En el supuesto de que la enfermedad o anomalías psíquicas se manifiestan en relación y comunicación con otras personas, es lógico que el consorcio conyugal, objeto del contrato matrimonial, sea especialmente sensible a las incidencias patológicas de las enfermedades y anomalías psíquicas.

II. CARENCIA DE SUFICIENTE USO DE RAZÓN

El consentimiento emitido por personas afectadas por una enfermedad mental o perturbación psíquica en el momento de contraer matrimonio no se considera válido, al carecer de suficiente uso de razón. Esto se puede deber a dos supuestos, que el sujeto padezca de manera habitual la enfermedad, o bien, que en el momento de prestar el consentimiento le asalte un trastorno mental transitorio. Debido a esto debemos distinguir dos tipos amencia habitual o transitoria.

En el primer supuesto, la amencia habitual, el sujeto se encuentra privado permanente mente del uso de razón, y por ello carece de capacidad para prestar el consentimiento, al no disponer de la capacidad de juicio que se requiere para entender o querer algo. Es decir, no tiene la capacidad deliberativa ni de obrar con suficiente advertencia de la mente en el momento de celebración del matrimonio. Es importante manifestar que, el defecto de uso de razón no se presume, sino que ha de ser probado por medios inequívocos y concluyentes[282].

En el segundo supuesto, el trastorno mental transitorio, hace referencia a los supuestos que, un sujeto en el momento de la celebración del matrimonio, está bajo los efectos de un trastorno mental transitorio grave que le priva de la capacidad para realizar el acto humano. Es inválido, por tanto, el consentimiento matrimonial prestado durante tal situación o estado de perturbación psíquica. Lo determinante aquí es probar la presencia del trastorno en el momento de contraer matrimonio, así como la gravedad del mismo para privar de suficiente uso de razón[283].

---

282   SRRD, c. Ewers, de 29 de octubre de 1960 ,vol. 52, dec. 118.
283   SRRD c. Pascazi de 19 de diciembre de 1950, vol.42, dec., 103.

III. CARENCIA DE DISCRECIÓN DE JUICIO

Algunos autores han manifestado que el primer dato a señalar sobre la operatividad jurídica de la discreción de juicio en la jurisprudencia, consiste en la certidumbre continuamente manifestada de que el consentimiento matrimonial requiere una *mentis discretio*, mediante la cual las personas pueden entender a qué se comprometen en el matrimonio y querer ser de una manera deliberada marido y mujer en virtud de una elección personal realizada libremente[284].

La discreción de juicio debe ser proporcionada al matrimonio y adecuada a las exigencias del contrato matrimonial. La falta de discreción de juicio procede, tanto en supuestos de deficiencia de la facultad intelectiva (percepción, crítica), como una deficiencia volitiva y afectiva, y en el supuesto de que cada una de estas facultades operara con la suficiente discreción debe existir equilibrio y armonía. Así las cosas, la falta de discreción puede tener su origen en defectos que recaen sobre alguno de los elementos que componen el acto humano, pero también existiría falta de discreción aun actuando dichas facultades faltara armonía entre ellas[285].

IV. FALTA DE LIBERTAD INTERNA

Como hemos indicado en la lección anterior, la libertad interna suele incluirse dentro del apartado falta de madurez o discreción de juicio, el 1095 no recoge este supuesto, pero la falta de libertad interna ya era admitida como causa de nulidad tanto por parte de la doctrina como por parte de la jurisprudencia con anterioridad a la promulgación del CIC de 1983.

---

284 Un ejemplo es TEJERO, E. *La discreción de juicio para consentir matrimonio*, en IC, 1982, núm. 44, p. 405.

285 Tal y como recoge García Failde se expresa en un Decreto de la Rota Española que «...entiende que el consentimiento es el resultado del equilibrio y de la coordinación y de la cooperación armónica de todos los componentes de la persona y que cualquier factor que rompa ese equilibrio, puede comprometer seriamente o imposibilitar el consentimiento» en GARCÍA FAILDE, J.J. *Algunas sentencias y decretos,* Salamanca, 1981, p. 189.

Se entiende que hay falta de libertad interna cuando el sujeto que quiere contraer matrimonio ha sido privado en grado suficiente de sus facultades volitivas o intelectivas, de tal forma que pueda decirse que se encuentra desposeído de su libertad interna, ya que carece de disposición de sus actos para determinarse libremente.

Para apreciarse la falta de libertad interna y considerarse un motivo de incapacidad, es necesario analizar cada caso minuciosamente en el que habrá de tenerse en cuenta la fragilidad de la persona, sus circunstancias personales y ver hasta qué punto y en qué dimensión ha sido afectada la voluntariedad del consentimiento.

V. IMPOSIBILIDAD PARA ASUMIR LAS OBLIGACIONES ESENCIALES DEL MATRIMONIO

Es una causa totalmente diferente a las anteriores, ya que presupone que las personas afectadas gozan de suficiente uso de razón, suficiente discreción de juicio y de libertad interna, en cambio no pueden asumir las cargas del matrimonio. Partimos, por tanto, que el sujeto está capacitado para emitir un acto voluntario, prestar un consentimiento consciente y deliberado pero que no puede hacerse cargo de los deberes matrimoniales responsables por padecer una enfermedad psíquica que impide que lo pueda cumplir[286].

No se trata de una dificultad ordinaria de cumplir, que en mayor o menor medida se da en todos los matrimonios, sino de verdadera imposibilidad de cumplir[287]. No basta una dificultad ordinaria, sino que, se requiere una verdadera imposibilidad, nos preguntamos qué imposibilidad es necesaria y suficiente. Algunos autores estiman que ser algo imposible y ser algo extraordinariamente difícil son una misma cosa[288], y en consecuencia, que por imposibilidad de cumplir se entiende imposibilidad moral o extraordinaria dificultad de

---

286 ARZA, A. «Incapacidad para asumir las obligaciones del matrimonio» en *IDE*, 1980, pp. 482-509.

287 Como recuerda Juan Pablo II en su discurso al Tribunal de la Rota Romana del día 5 de febrero de 1987. (L'Osservatore Romano, 6 febrero 1987, p. 5.)

288 Un ejemplo es BARBOSA, A. «*De Axiomatibus Juris usufrequentioribus*», Lugduni 1699, Axioma CXVIII, n.º 7-8, p. 72.

cumplir: *moralis impotentia adest quando opus praescriptum poni non valet nisi cum extraordinario labore*[289].

Otros autores en cambio, entienden por imposibilidad exclusivamente la imposibilidad física o absoluta, de modo que lo que en absoluto puede cumplirse, aunque no pueda cumplirse sino con enorme dificultad, no sea imposible; un ejemplo de esta imposibilidad física o absoluta sería el *digito tangere coelum*[290], volviendo al tema que nos ocupa, concluyen algunos autores que la imposibilidad de cumplir, que subyace en la incapacidad de asumir del canon 1095.3., es imposibilidad física o absoluta de modo que, no puede decirse que un contrayente es incapaz de asumir una obligación cuando aunque con suma dificultad, pueda cumplirla[291]. Algunos recurren al ejemplo de la *impotentia coeundi* que deja de ser verdadera impotencia, o verdadera imposibilidad, cuando de hecho se realizó la cópula, aun cuando solamente con suma dificultad pudo realizarse[292].

Por su parte, la expresión causa de naturaleza psíquica no equivale ni mucho menos a una grave anomalía, en general, y de anomalía psíquica, en particular, es un concepto muy ambiguo en psicología y en psiquiatría[293], hay en la realidad humana factores, como educación equivocada, hábitos adquiridos torcidos, costumbres arraigadas o mentalidades distorsionadas, etc., que, sin ser anomalías psíquicas, pueden incapacitar para la relación matrimonial[294]. Pero prácticamente todas las sentencias Rotales entienden que la cláusula causa de naturaleza psíquica del canon 1095.3, significa grave anomalía psíquica a partir de dos discursos de Juan Pablo II al Tribunal de la Rota Romana.

---

289 MICHIELS, G. «*Normae Generales Juris Canonici*», I, Parisiis Tornaci-Romae... 1949, p. 463.

290 Reiffenstuel, A. *Ius Canonicum Universum. Tractus de Regulis Juris VI*, Maceratae 1755, Regula VI, p. 22, n.º 4.

291 STANKIEWICZ, A. «*De accommodatione regulae 'Impossibilium nulla obligatio est' ad incapacitatem adimplendi matrimonii obligationes*», Periodica, 68, 1979, p. 667; c.Pinto, sentencia de 18 de marzo de 1971: SRRD, 63, p. 188.

292 GUTIÉRREZ, J. «*Canonicarum quaestionum*», III, Francfurt, 1607, can. 112, n.º 5.

293 PONTI, G.L. «La perizia sull'imputabilità» en VV.AA., *Trattato di Psicologia Giudiziaria*, Milán, 1987, pp. 641, 643 y 653-654.

294 Colagiovanni, C. sentencia de 20 de marzo de 1991, *Monitor Eclesiasticus*, vol. CXVIII, 1992, p. 33.

Efectivamente, el Papa Juan Pablo II, en su alocución del 5 de febrero de 1987 a los miembros de la Rota Romana dijo: «*Una vera incapacitá é ipotizzabile solo in presenza di una seria forma di anomalía che, comunque si voglia definere, debe intaccare sostanzialmente la capacitá di intendere e/o di volveré del contraente*»[295]. En la otra alocución del 25 de enero de 1988 a los mismos miembros de la Rota Romana matizaba el Papa: «*Tenendo presente que solo le forme piú gravi di psicopatología arrivano ad intaccare la libertá sostanziale della persona*»[296].

---

295   AAS, 79, 1987, p. 1457.
296   AAS, 90, 1988, P. 1178.

CAPÍTULO XIII.

LOS VICIOS DEL CONSENTIMIENTO (I)

I. LA IGNORANCIA

La ignorancia aparece recogida en el canon 1.096, siguiendo la tradición del Código de 1917 emplea una formula negativa: «1. *Para que pueda haber consentimiento matrimonial, es necesario que los contrayentes no ignoren al menos que el matrimonio es un consorcio permanente entre un varón y una mujer, ordenado a la procreación de la prole mediante una cierta cooperación sexual. 2. Esta ignorancia no se presume después de la pubertad*».

Independientemente de la incapacidad del sujeto afectado, puede darse también la ignorancia de la sustancia del matrimonio, no ya por causas patológicas, sino por otras causas ambientales, de educación, de aislamiento o incluso de una incorrecta formación religiosa. Lógicamente, para emitir un consentimiento matrimonial será necesario poseer un conocimiento básico de la naturaleza del matrimonio, por lo que la ignorancia o aquellos elementos definidores de la identidad del instituto matrimonial originará la nulidad del matrimonio, por falta de referencia específica al consentimiento matrimonial[297].

---

297 La sentencia rotal c. Sabattani de 22 de marzo de 1963, afirma que la ignorancia, en cuanto carencia de conocimiento no puede influir en el consentimiento matrimonial (pues quien nada sabe, nada quiere); de donde las causas de nulidad por ignorancia se resuelven en casos de error sustancial. Véase comentario GRAZIANI, E. en IDE, 75 (1964).

El legislador exige este conocimiento mínimo cuando establece: «*para que pueda haber consentimiento matrimonial, es necesario que los contrayentes no ignoren al menos que el matrimonio es un consorcio permanente entre un varón y una mujer ordenado a la procreación de la prole mediante una cierta cooperación sexual*».

Comparando esta formulación legal con la empleada para describir el significado del pacto conyugal (canon 1.055), aunque puede descubrirse una cierta correlación entre ambos, se advierte que el concepto que este precepto ofrece del instituto matrimonial parte de una idea menos cuidada y matizada, más asequible al hombre medio. La misma expresión de «no ignorar» da a entender que el conocimiento mínimo que se exige a los contrayentes no es un conocimiento preciso y detallado, sino un conocimiento vago y confuso de la sustancia del matrimonio. Basándose en lo establecido en el Código sobre el conocimiento mínimo exigible, la jurisprudencia y la doctrina exponen lo que los cónyuges deben conocer para la prestación del consentimiento matrimonial[298]. Esquematizando los diversos aspectos que integran aquel conocimiento pueden señalarse los referentes, primero, al carácter social del matrimonio expresado en el término consorcio; segundo, a su fin específico, y tercero a la conexión entre sociedad o consorcio marital y procreación.

El párrafo segundo del canon 1096 dispone lo siguiente: «*Esta ignorancia no se presume después de la pubertad*». La mayor parte de los autores y jurisprudencia han visto en esta disposición la existencia de una presunción *iuris tantum*[299]. Sin embargo, no parece que sea exactamente así. Lo que en principio hace el párrafo segundo, del canon 1096 es negar la presunción de ignorancia a partir de la pubertad. Si el legislador canónico hubiera afirmado «se presume el conocimiento a partir de la pubertad», hubiera infundido a la disposición una fuerza que así no tiene por sí misma[300]. Quizá impidió la utilización de esta fórmula positiva el hecho de que en el

---

298   Entre otras, las sentencias c. Staffo de 17 mayo 1957 (v.50 p. 426); c.Brennan de 20 enero 1964 (v.56 p. 15) c. Lefebvre de 30 de octubre 1965 (v.57, p. 769).

299   Un ejemplo GARCÍA GÁRATE, A. *El matrimonio canónico...* ob. cit. p. 135.

300   MIGUÉLEZ, L. *Comentarios al Código de Derecho Canónico,3,* Madrid,1964, p. 604.

párrafo primero se había hablado de no ignorancia. Lo cierto es que es que, siguiendo las reglas de interpretación, no se puede interpretar el párrafo segundo del canon 1096 como presunción. Lo que afirma es precisamente lo contrario: la inexistencia de presunción de ignorancia a partir de la pubertad, que no equivale a decir que se presuma el conocimiento a partir de esa edad.

Es necesario mencionar que en el desarrollo puberal influyen muchos factores, como por ejemplo, el ambiente en que crecen las personas, la situación familiar, el nivel cultural de la comunidad a la que la persona pertenece, el tipo de educación recibida, e incluso la época en que viva la persona que alcanza la pubertad[301] y otras circunstancias similares.

II. ERROR

2.1. Concepto

Según la RAE el error puede definirse como un concepto o juicio falso[302]. Puede ser una acción, un concepto o una cosa que no se realizó de manera correcta.

A diferencia de la ignorancia vista en el apartado anterior, el error es un conocimiento equivocado de la realidad ya sea de manera total o de manera inexacta, en el campo del derecho matrimonial puede recaer en el instituto matrimonial (*error in iuris*), sobre la persona del contrayente (*error facti*).

Lo determinante del error es que el conocimiento equivocado o la inexactitud puede determinar la voluntad de los sujetos que quieren contraer matrimonio.

2.2. Clases de error

2.2.1. Error acerca del instituto matrimonial (*error iuris*)

El *error iuris* es aquel que recae sobre las propiedades esenciales del derecho, el canon 1099 establece que «*el*

---

301 Katz, D. *Manual de psicología, trad. esp. de Serrate y Guerra,* Madrid, 1977, pp. 305-306.

302 Diccionario de la lengua española publicada en octubre de 2014.

error acerca de la unidad, de la indisolubilidad o de la digni-dad sacramental del matrimonio, con tal que no determine a la voluntad, no vicia el consentimiento matrimonia». Este supuesto sería el de aquellas personas que quieren contraer matrimonio, y por la causa que fuera, educacional, política, etc., estiman erróneamente que el matrimonio no da lugar a un vínculo exclusivo e indisoluble, o que a pesar de ser cristianos, niegan el carácter sacramental del matrimonio[303].

Es relevante, por tanto, el error en un asunto capital para el derecho matrimonial canónico como son las propiedades esenciales y la sacramentalidad. Algunos autores en cam-bio, aluden a la irrelevancia de este tipo de error ya que para ellos se trata de un supuesto de *ignorantia iuris,* y que por tanto no se compromete la esencia del matrimonio, sino sus propiedades, también se alega que siendo el error una falsa percepción de lo que acontece en el ámbito del entendi-miento, mientras se quede circunscrito al ámbito intelectivo sin incorporarse, determinándolo, al ámbito de la voluntad no impide de por si el consentimiento matrimonial[304].

El c. 1099 lo que pretende es complementar el sentido y el alcance de otros cánones, por cuanto viene a delimi-tar hasta donde es suficiente el conocimiento de la natura-leza del matrimonio. Si el contrayente sabe el conocimiento que exige el canon 1096, el matrimonio será válido, aunque ignore las propiedades esenciales, pues no exige tanto el c.1099, que opera como norma límite del c. 1096[305].

Por lo tanto, la regla general, es que este tipo de error no inválida el matrimonio, es lo que se puede denominar como error simple. Sin embargo, admite situaciones excepcionales, se produce en aquellos supuestos que el error determina la voluntad, esto ocurre cuando el *error iuris* se produce cuando el entendimiento presenta ante la voluntad un modelo de matrimonio estructurado de acuerdo con sus ideas erróneas para que se dirija al mismo como término de querer. Es decir, debe ser la causa principal, aunque no sea la única de la cele-

---

303 BERNÁRDEZ, A. *Compendio de Derecho matrimonial canónico,* Madrid, 2009, p. 141.

304 VILADRICH, P.J. *Código de Derecho Canónico,* a cargo de LOMBARDIA, P. y ARRIETA, J.J. comentario al c.1099.

305 Fedele lo denómina error in substantia e, FEDELE: *L' "ordinatio ad pro-leni" nel matrimonio in diritto canonico,* Milan, 1962, p. 232.

bración del matrimonio, el elemento causal, de manera que si quitásemos el error en el negocio del matrimonio el sujeto o los sujetos no se hubieran casado.

2.2.2. El error acerca de la persona (*error facti*)

El error por parte de cualquiera de los contrayentes que pueda experimentar sobre la persona del otro puede tener una relevancia jurídica en relación con el consentimiento matrimonial provocando la invalidez del mismo. Este tipo de error puede recaer en la identidad de la persona o sobre las cualidades del otro contrayente

2.2.2.1. Error sobre la identidad de la persona

El canon 1097.1 establece que: «*el error acerca de la persona hace inválido el matrimonio*». Hay que partir, que el matrimonio es un negocio *intuitu personae,* por lo que se celebra en consideración con la persona del otro contrayente, por lo que si erróneamente se contrae matrimonio con una persona diferente sería nulo por *error in corpore,* ya que, el consentimiento recaería sobre una persona diferente. Es un supuesto de error obstativo, porque no coincide la persona querida por el contrayente como cónyuge y sobre la que no recayó el consentimiento, con aquella otra a la que se dirigió la declaración de la voluntad. De acuerdo con esto para que se de este tipo de error es necesario que se den tres requisitos:

a) Que una de los contrayentes tenga previa intención de contraer con persona cierta y determinada, lo que implica que debe hallarse identificada de alguna forma.

b) Que se produzca una sustitución o suplantación de está por otra distinta.

c) Que el contrayente que sufre el error estime falsamente tratarse de la persona pretendida.

2.2.2.2. Error sobre las cualidades de la persona

El canon 1097.2 establece que «*el error acerca de una cualidad de la persona, aunque sea causa del contrato, no dirime el matrimonio, a no ser que se pretenda esta cualidad directa y principalmente*». Como podemos observar, la regla general es que el error acerca de las cualidades del otro contrayente, aunque sea la causa principal del contrato no invalida el matrimonio. Esto es lógico, teniendo en cuenta que el matrimonio se contrae como hemos visto en el apartado anterior con dos personas ciertas y determinadas, por lo que las apreciaciones subjetivas de los cónyuges, o el juicio falso de las cualidades, ya sean, físicas, dinerarias o morales no inciden en el consentimiento matrimonial, integrándolo o determinándolo. En estos casos el matrimonio no puede declararse nulo por error en tales cualidades u otras semejantes, pues se estima que el error es meramente accidental.

A la regla general existe una excepción, como el supuesto del error en la cualidad principalmente pretendida tal y como recoge el propio apartado 2.º cuando establece que: «...*a no ser que se pretenda esta cualidad directa y principalmente*». Por lo tanto, este tipo de error se produce en aquellos supuestos en los que la cualidad que busca el contrayente en el otro forma parte de su voluntad, de manera que la decisión de querer contraer matrimonio es dependiente de la cualidad, por lo que esta se integra en el objeto de consentimiento.

En lo relativo a los requisitos de esta figura cabe señalar los siguientes:

a) La cualidad pretendida ha de ser importante al menos en la consideración del sujeto, para que de esta manera pueda admitirse que polarizó la intención matrimonial. No es necesario que la cualidad tenga una repercusión en la vida matrimonial, no obstante, si fuese el caso podría deducirse más fácilmente[306].

b) La pretensión de la cualidad en el otro debe haber determinado la voluntad de querer contraer matrimonio, de manera que, de haber conocido la equivocación el sujeto no hubiera contraído matrimonio.

c) Lógicamente ha de tratarse de un error antecedente puesto que la insistencia con que se pretende la cualidad denota que la falsa creencia de su verificación en el otro contrayente es la causa de la celebración del matrimonio.

---

306 En este sentido la sentencia c. Faltin de 24 de julio de 1991 (IDE,1991, II, pp. 490-503).

Al no hacer el código un catálogo de cualidades, dado la complejidad del caso en la delimitación con figuras afines, este tipo de error se convierte fundamentalmente en un problema de prueba.

2.2.3. El error doloso

El error doloso es una de las grandes novedades del vigente Código, la incorporación del dolo al Código, fue la respuesta ante un ambiente doctrinal que acusaba la injusticia de considerar como válidos, supuestos en la que alguno de los contrayentes había sido inducido de forma maliciosa al error sobre las cualidades y cuya consecuencia provocaba la imposibilidad de la armonía conyugal[307].

El código lo recoge en el c. 1098 cuando establece que *«quien contrae el matrimonio engañado por dolo, provocado para obtener su consentimiento, acerca de una cualidad del otro contrayente, que por su naturaleza puede perturbar gravemente el consorcio de vida conyugal, contrae inválidamente»*.

Aunque son innegables las relaciones entre el dolo y el error, se advierte que el precepto viene formulado con independencia del anterior precepto frente al error. Ulpiano rechazaba la definición de dolo, lo limitaba a cierta maquinación para engañar a otro, para afirmar que solo era cierta la definición de Labeón de «toda malicia, engaño o maquinación para valerse de la ignorancia de otro, engañarle o defraudarle»[308]. El dolo, por tanto, consiste en la actividad de quien aparentando una realidad favorable u ocultando una realidad desfavorable, suscita el engaño de otro para impulsarle hacía un determinado objeto.

Es importante destacar que no todo error doloso inválida el matrimonio, sino que debe de reunir los siguientes requisitos:

a) Debe ser antecedente de forma que de ser conocido el engaño le hubiera apartado del propósito matrimonial.

---

307 García Gárate, A. «En torno a la autonomía del dolo matrimonial» en *Le nouveau Code de Droit canonique,* II, Otawa, 1986, pp. 1073-1079; Jusdado, M.A. *El dolo en el matrimonio canónico,* Barcelona, 1988.

308 D. 4,3,1.1

b) Debe ser grave, no toda cualidad no toda cualidad es apta para que se produzca el error doloso, sino solamente aquellas que por su naturaleza pueden perturbar gravemente el consorcio de vida conyugal, es decir, no que por causas sobrevenidas durante la vida conyugal se haga insoportable, sino que por causa del error doloso sobre esa cualidad concreta y en ese matrimonio concreto podía asegurarse en el momento de la celebración del matrimonio que una vez descubierto el engaño, se produciría la perturbación del consorcio de vida conyugal.

c) El dolo debe ser siempre extrínseco, es decir, suscitado por la manipulación o bien del otro contrayente, o bien de un tercero interesado en la celebración del matrimonio.

2.3. Diferencia del error e ignorancia

Plantearse el tema de si el problema del defectuoso presupuesto teórico del consentimiento matrimonial ha de ser asumido bajo el concepto de ignorancia, o por el contrario ha de hacerse en términos de error, puede parecer, a primera vista, una cuestión inútil. De una parte, está el hecho de que la terminología utilizada por el canon 1096 suena a ignorancia y no a error. Pero, por otra parte, se ha dicho que ignorancia y error producen los mismos efectos jurídicos. La ignorancia es definida por la filosofía como *privatio escientiae* o, en palabras de Santo Tomás, «*dum scilicet alicui deest scientia eorum quae aptus natus est scire*»[309].

El concepto de error es muy cercano al de ignorancia o como ha dicho algún autor, una subespecie de la ignorancia[310]. El error supone una actividad, al contrario de lo que ocurre con la ignorancia que es, sin más, ausencia absoluta de conocimiento. Esa actividad, lógicamente, es intelectual y, por consiguiente, se trata de un acto de conocimiento, aunque éste sea equivocado. El error suele definirse como la falsa representación de la realidad[311]. Es decir, el error no

---

309 TOMÁS DE AQUINO: *Summa Theologica, 1-2, q.76, a.2.*

310 GRACIANI, E. *Volontá attuale e volontá precettiva nel negozio matrimoniale,* Milano, 1956 p. 98.

311 GARCÍA GÁRATE, A. *El matrimonio canónico...* ob. cit. p. 135.

es simplemente mera negación de la verdad, sino que, por enmarcarse dentro de la actividad estimativa del entendimiento, supone una estimación deficiente, o sea un juicio falso que no se ajusta a la realidad objetiva.

2.4. La prueba del error

Los elementos específicos que han de ser probados en el error son, de un lado la existencia del error y su pertenencia en la mente del sujeto. De otro, el desconocimiento de una opción matrimonial diferente. Al tratarse de un evento que acontece en el interior del sujeto, es con frecuencia difícil pero no imposible, de forma que, con varias pruebas indirectas, la cual, aunque por separado sean imperfectas, todas en su conjunto pueden provocar en el Juez la certeza moral que es necesaria para confirmar de manera positiva mediante sentencia sobre un supuesto de consentimiento inválido por error[312].

Se considera de vital importancia la prueba de la intención del contrayente en el acto de celebración[313], en donde juega un papel fundamental la confesión de las partes y la prueba iniciaría.

Hay que tener en cuenta que la confesión no constituye un medio de prueba pleno en las causas de índole matrimonial canónico, su fuerza dependerá de la credibilidad y de las declaraciones de la credibilidad de los testigos si los hubiere. Especial dificultad tiene la prueba del error en las propiedades esenciales del matrimonio como causa determinante de la voluntad, donde habrá que probar el entorno biográfico del sujeto, es decir, la familia, la educación recibida, etc.[314]

---

312 DEL AMO, L. *La clave probatoria en los procesos matrimoniales*, Navarra, 1978, p. 370.

313 SRRD c. Brennan sentencia de 9 de diciembre de 1969, vol. 44, dec. 96.

314 MAJER, P. *El error que determina la voluntad. Can 1099 del CIC de 1983,* Pamplona, 1997, p. 351.

CAPÍTULO XIV.

LOS VICIOS DEL CONSENTIMIENTO (II)

I. LA COACCIÓN: LA FUERZA

Con el término coacción se indica, de manera genérica, todo aquello que es contrario a la tendencia natural de un sujeto. En un sentido más jurídico, la coacción designa una acción realizada contra la voluntad del sujeto que la padece. La coacción puede venir de dos supuestos, del ordenamiento, que no es objeto de estudio en esta obra cuya denominación recibe coacción jurídica. O mediante el empleo de la fuerza, forzando al sujeto a cumplir con una determinada cosa. Como consecuencia de esto último, en relación con el matrimonio, la prestación del consentimiento matrimonial puede estar determinada por una fuerza externa que obliga al sujeto a aceptar de manera externa el matrimonio[315].

En la toma de decisión del sujeto a la hora de contraer matrimonio, como hemos visto en apartados anteriores intervienen el factor intelectivo y volitivo. El ordenamiento jurídico protege el derecho de la persona a obrar libremente lo que es lícito, tutela que se proyecta en dos direcciones, de un lado, se tutelan los medios jurídicos oportunos, incluso se sanciona penalmente a aquellas personas que ejercen violencia sobre otras para doblegar su voluntad, de otro lado, se protege al sujeto que sufre la coacción o fuerza, otorgándole

---

315   Ya en el Derecho romano se entendía por fuerza el empuje de algo superior que no podía repelerse, «*Vis autem maioris rei ímpetus, qui repelli non potest*» (D. 4,2,2).

la facultad de promover la declaración de nulidad ya que realizó el acto en contra de su voluntad.

La fuerza puede ser definida genéricamente como, la extrinsecación de una entidad volitiva de un sujeto, consciente y deliberadamente dirigida a influir sobre la conducta de otro sujeto de modo preponderante y siempre susceptible, por ello, de ser advertida por la víctima[316]. Si observamos esta definición además de abarcar la violencia física recoge también la moral o el miedo, siguiendo la definición clásica, se define como desde la perspectiva del sujeto que lo padece, la conmoción psíquica ante un mal presente o futuro[317].

La violencia absoluta o *vis compulsiva* se regula con carácter general en el c. 125.1 que establece que «*Se tiene como no realizado el acto que una persona ejecuta por una violencia exterior a la que de ningún modo ha podido resistir*». Se caracteriza por el empleo de la fuerza física por un tercero sobre los órganos de expresión sobre los órganos de expresión de la voluntad para que se exteriorice la afirmación del consentimiento matrimonial que el contrayente que lo padece y no quiere manifestarlo[318]. Por tanto, nos encontramos ante un supuesto de ausencia de consentimiento, en la que no existe una verdadera voluntad de contraer, únicamente hay una manifestación fingida con la intención de no sufrir la violencia física.

II. EL MIEDO

2.1. Concepto

La tradición canónica siempre ha considerado el miedo grave, entendido como el acto de realizar una amenaza grave por parte de un sujeto activo a un sujeto pasivo, que para librarse de esta decide hacer algo que no desea y que lo hace

---

316   DOSSETTI, G. *La violenza nel matrimonio in Dirittto canonico,* Milán, 1943, p. 84.

317   Así lo definía ULPIANO como «*Instantis vel futuri periculi causa mentis trepidatio*» (D. 4,2,1).

318   Este tipo de situación en la práctica es muy raro de ver, implicaría forzar la cabeza para inclinarla con gesto de afirmación, solamente se ha podido observar dos sentencias de la Rota

con el único objetivo de evitar un daño. El miedo opera sobre el procesa formativo de acto humano, esta coacción, presión psicológica o amenaza de un mal inminente que provoca que el sujeto pasivo decide a hacer algo que en realidad no desea, pero como acabamos de mencionar, lo hace con el único propósito de librarse del mal o la amenaza. Cuando el sujeto elige aludir el peligro o amenaza, la voluntariedad de sus actos se encuentra ciertamente debilitada, por la perturbación psíquica que está sufriendo y sus actos no son espontáneos, pues los realiza para librarse de las amenazas de quien infiere el miedo[319].

2.2. Regulación legal

El c. 125.2 establece que «*el acto realizado por miedo grave injustamente infundido, o por dolo, es válido, a no ser que el derecho determine otra cosa; pero puede ser rescindido por sentencia del Juez...*». Como hemos visto con anterioridad uno de los principios del matrimonio es la indisolubilidad del mismo, por lo que la solución válida pero rescindible, no se puede aplicar al consentimiento matrimonial bajo la influencia del miedo. El legislador por tanto, solo tenía dos opciones o declarar el matrimonio válido o bien nulo de pleno derecho. El legislador se ha decantado por esta segunda opción siempre que el miedo reúna unos determinados requisitos[320].

Como indicábamos en el párrafo anterior, el Código a tenor del c. 1103, exige que para que el miedo invalide el matrimonio reúna una serie de requisitos legales, por lo que no todo miedo, coacción o amenaza provoca la nulidad del matrimonio, únicamente aquellas que provoquen una pérdida de libertad en el contrayente que lo padece[321]. Partiendo

---

319 BERNÁRDEZ, A. *Compendio de Derecho...* ob. cit. p. 155.

320 La doctrina se ha planteado su la nulidad se deber por Derecho natural o por prescripción de la Iglesia. Se decanta por la primera opción, una de las motivaciones que llevan a determinar que el acto realizado por miedo es rescindible por derecho natural se debe a que es contrario a toda evidencia de justicia que un sujeto pueda obtener una ventaja de una acción ilícita y quizá violenta, cuyo propósito es inducir a un sujeto a un comportamiento que de otra forma no hubiera tenido.

321 El c. 1103 establece que «*Es inválido el matrimonio contraído por violencia o por miedo grave proveniente de una causa externa, incluso el no inferido con miras al matrimonio, para librarse del cual alguien se vea obligado a casarse*».

de este canon, la doctrina establece los diversos requisitos que debe reunir el miedo para que invalide el matrimonio:

a) Que el miedo antecedente, debe ser la causa la causa del contrato. Es antecedente cuando el matrimonio encuentra en él su causa principal, de manera que de no haber intervenido no se hubiera celebrado. Esto lo distingue del miedo concomitante, que, si bien existe en el momento de la celebración del matrimonio, no constituye la causa principal, ya que el matrimonio no se celebra por miedo, sino con miedo. Es necesario que el matrimonio se celebre por causa del miedo y no solo con ocasión de este[322].

b) Que el miedo sea grave, el miedo como fenómeno psicológico debe revestir tal característica que provoque en el individuo una verdadera conmoción del estado de ánimo que le impulse a la aceptación del matrimonio. Por lo que hay que tener en cuenta no solo el aspecto objetivo o causativo *(vis)*, sino también el subjetivo *(metus)*. Resulta irrelevante que el mal con el que se amenaza sea o no grave para todas las personas, pues lo determinante es que origine una gran perturbación en quien lo padece, con independencia de que la misma se deba a una determinada personalidad o educación[323].

c) Que el miedo sea provocado externamente, lo que se denomina *metus ab extrínseco.* Esto se produce cuando exista un fundamento objetivo para temer aquellos males y cuando estos no sean necesarios, sino que su ejecución dependa de la voluntad de una tercera persona[324].

---

322 Sentencia c. Ewers de 27 de noviembre de 1969, v. 61, p. 1066.

323 GARCÍA GÁRATE, A. *El matrimonio canónico…* ob. cit. p. 145. En este sentido la sentencia c. Matttioli de 27 de julio de 1950 recoge que «*siendo el miedo una afección subjetiva del ánimo, suscitada por un peligro próximo, consta de suyo que la gravedad del miedo no se puede medir exclusiva o primariamente por la gravedad del mal conminado, sino que se ha de medir principalmente atendiéndose a la naturaleza subjetiva de quien soporta la coacción. En efecto, hay quien no vacila ni ante la muerte, y otros, tan tímidos y débiles de ánimo, que se conmueven y excitan por preocupaciones incluso mínimas*» v. 42, p. 505.

324 También suele indicarse que el miedo deber estar originado por una causa externa, humana y libre. Lo que lo diferencia del miedo intrínseco que no invalida el matrimonio, que será aquel que no tiene su fundamento en circunstancias externas, sino que más bien es produc-

d) Que el miedo sea indeclinable, de manera que la persona que lo padece no vea otra opción de evitar la amenaza que el contraer matrimonio.

Es importante destacar que quien amenaza pretenda que el sujeto pasivo se case, es lo que se denomina miedo indirecto. Que se produce en el caso de que el sujeto activo no tenga esta intención de que el amenazado contraiga matrimonio, sino que es este quien hace esa interpretación errónea, de manera que para él opera directamente el miedo de manera extrínseca. La situación psicológica es la misma que cuando la amenaza se infiere para conseguir el consentimiento[325].

2.3. Diferencias entre fuerza y miedo

Una vez explicados ambos conceptos, podemos observar las siguientes diferencias. La diferencia entre el miedo de la fuerza según Dossetti son tres:

a) El miedo no es absolutamente irresistible.

b) El miedo opera no a través de una acción física inmediata sobre el cuerpo de la víctima, sino a través del temor que aquella produce y con la cual se puede identificar.

c) El miedo no suprime del todo, de manera que solamente disminuye la voluntad[326].

A estas diferencias se pueden añadir, que mientras la fuerza invalida siempre el matrimonio, no todo miedo es relevante para el ordenamiento. Y por último, mientras que la fuerza tiene el objetivo de contraer matrimonio, el miedo no es necesario que el sujeto activo tenga esta intención.

III. EL TEMOR REVERENCIAL

Junto al miedo común que recoge el ya mencionado c. 1103 se ha elaborado por la doctrina y la jurisprudencia

---

to de la imaginación o sugestión del propio sujeto, en este sentido la sentencia c. Pasquazi de 2 de mayo de 1950 (SRR, v. 42, p. 263.)

325   Bersini, F. *Il novo Diritto canonico matrimoniale,* Torino, 1983, p. 109.

326   Dossetti, G. *La violenza...* p. 90.

la noción de temor reverencial o miedo reverencial. No se trata de una clase diferente del miedo al expuesto, sino de una forma especial de manifestación que viene determinado por el hecho de que el sujeto activo se encuentra vinculado al sujeto pasivo por una relación de dependencia o subordinación que se traduce en una actitud de respeto y reverencia.

Este tipo de miedo, aunque no dispensa de la concurrencia de todos los requisitos del miedo común ya expuestos, lo modaliza introduciendo una particular valoración de los elementos personales, de la naturaleza del mal que se teme, de la gravedad del miedo y de los procedimientos de los que ejercen la coacción.

El que infiere el miedo no puede ser cualquier persona, el sujeto activo y pasivo están unidos por una relación especial que puede ser de diversa índole, parentesco, laboral, amistad, etc.

La naturaleza del mal temido se identifica con la indignación grave y duradera del superior, no de un extraño. El contrayente acepta el matrimonio para evitar la ruptura de la relación reverencial o su grave deterioro. No basta el simple temor de desagradar o el mero deseo de complacer al superior[327].

IV. SIMULACIÓN

4.1. Concepto

La celebración del matrimonio en cuanto a manifestación pública del consentimiento es un fenómeno de comunicación, por lo que puede ser falseada si uno o los dos contrayentes aparenta una voluntad matrimonial que en realidad no existe o bien no quiere instaurar de una manera completa toda la esencia de la unión conyugal.

El Código en el c. 1101.2 establece que: «... si uno o ambos contrayentes excluyen con un acto positivo de la voluntad el matrimonio mismo, o un elemento esencial del matrimonio, o una propiedad esencial, contraen inválidamente». Por lo

---

327 Sentencia c. Lefebvre de 23 de julio de 1966, (SRR, vol. 58. p. 127).

tanto, son estos supuestos los que se engloban bajo el término simulación[328].

Así pues, hay simulación cuando la declaración de voluntad de contraer matrimonio en los términos que esencialmente configura el Derecho canónico está en desacuerdo con la interna y real voluntad de los contrayentes o de uno de ellos que excluyen el acto positivo de voluntad del matrimonio o algún elemento o propiedad esencial. En estos supuestos, el negocio jurídico matrimonial está dominado por la voluntad de simular por lo que todas las acciones tanto internas como externas están al servicio de la simulación, es decir, son actos de ejecución de la voluntad de simular, de realizar una determinada declaración que, teniendo todas las exteriores apariencias de verdad y seriedad, sea idónea para producir el engaño[329].

4.2. Clases de simulación

En el Derecho canónico se distinguen dos tipos de simulación, la primera es la simulación total, en la que la persona excluye el matrimonio, mientras que la segunda, la simulación parcial, la personas excluye un elemento esencial del mismo. La diferencia radica en el que en el primer caso no existe voluntad de contraer matrimonio canónico, mientras que, en el segundo, si quiere contraer matrimonio, pero no un matrimonio canónico, ya que se vacía el negocio jurídico matrimonial de parte de su contenido.

4.2.1. La simulación total

La simulación total aparece regulada en el c. 1101,2 cuando establece que: «*...uno o ambos contrayentes excluyen con un acto positivo de la voluntad el matrimonio mismo*», por lo que la nulidad del matrimonio se produce por la falta de consentimiento, que es aparentado por una externa manifestación ficticia, sin contenido ni eficacia jurídica.

Las razones para la simulación del matrimonio son dos, de un lado, la *causa contrahendi,* se celebra el matrimonio para

---

328 El legislador canónico al igual que el CIC de 1917 ha evitado el uso de ese término.

329 GRAZIANI, E. *Volontà Attuale e Volontà Precettiva nel negozio matrimoniale canonico.* Milan, 1956, p. 162.

que una vez adquirido permita a uno de los cónyuges alcanzar fines extraños al matrimonio, como por ejemplo podría ser alcanzar la nacionalidad, beneficios sucesorios, etc. De otro lado, *causa simulandi*, que son los motivos por los que rechaza el matrimonio, por ejemplo, aversión al matrimonio o hacia la otra persona[330].

El matrimonio se utiliza en estos casos para la obtención de beneficios personales, pero con fraude de ley.

4.2.2. Simulación parcial

Al contrario de lo que ocurre en la simulación total, en la parcial si quiere contraer matrimonio, pero con el firme propósito de excluir un elemento esencial del mismo. La simulación parcial constituye una restricción que el sujeto introduce en la estructura esencial e inmodificable del negocio jurídico matrimonial, que según la concepción canónica presenta como un sistema jurídico prestablecido y en orden a una finalidad públicamente conocido por los cónyuges.

El canon 1101.2 establece que «*... o un elemento esencial del matrimonio, o una propiedad esencial, contraen inválidamente*». Durante el proceso de redacción del vigente Código se rechazó incluir en el mismo la expresión *ius ad prolis generationem*, así como se rechazó la propuesta de indicar explícitamente los tres bienes clásicos en el texto del canon, remitiéndose a la doctrina y jurisprudencia para que estas determinasen los contenidos concretos de esta norma[331].

Como hemos visto en temas anteriores, las propiedades esenciales son las leyes fundamentales que determinan su estructura, esto es la unidad, el *bonum fidei,* la indisolubilidad del matrimonio y el *bonum sacramenti (c. 1056),* a lo que se oponen la poligamia, el divorcio, etc. Los elementos esenciales del matrimonio no están precisados exhaustivamente en el vigente Código, por lo que tanto la doctrina como la jurisprudencia deben especificarlo. Se suele indicar que estos elementos esenciales se derivan de los fines y de los valores del matrimonio por lo que dentro de los supuestos de simulación parcial encontramos la prole; fidelidad e

---

330 Para HERVADA basta como motivo de simulación total la ausencia de disposición afectiva contraria en, HERVADA, J. *La simulación total,* IC, 1961, p. 758.

331 Comm. 9 (1977) 374-375.

indisolubilidad, a los que hay que añadir la sacramentalidad y el derecho a la comunidad de vida.

Por último, la doctrina entiende que el acto positivo de la voluntad debe ir referido no al ejercicio del derecho, sino al mismo derecho. La jurisprudencia recuerda que cuando se trata la exclusión del bien de la prole o del bien de la fidelidad, se considera que el matrimonio es nulo cuando consta que se excluyó el mismo derecho y no su mero ejercicio, puesto que la esencia del contrato matrimonial pertenece al derecho y no su ejercicio o uso, por lo que la nulidad del matrimonio surge de la no entrega o no aceptación del derecho a los citados bienes pero no por limitar su ejercicio o uso[332].

a) Exclusion del bonum prolis

Uno de los elementos esenciales del matrimonio es su ordenación natural a la generación y educación de la prole, ya que a tenor del c. 1055.1 es uno de los fines del matrimonio canónico, es lo que tradicionalmente se conoce como *bonum prolis*. El bien de la prole se extiende más allá del puro derecho al acto conyugal, para comprender también la concepción y la gestación del nuevo ser hasta su alumbramiento, así como la educación de los mismo.

La doctrina y jurisprudencia más común señalan que el matrimonio es nulo cuando uno o ambos contrayentes excluyen el *bonum prolis* en su consentimiento matrimonial, quien al acceder al matrimonio deniega a la otra parte por un acto positivo de la voluntad el derecho a una cópula normal, esto es, que sea apta por si a la generación[333]. El consentimiento matrimonial no otorga ningún derecho obligación a los hijos, sino a los actos de por sí aptos para la procreación que no queda supeditada a su efectiva realización. Los cónyuges, tal y como recoge la jurisprudencia no tienen ningún derecho a procrear hijos sino solo a los actos que por su naturaleza son aptos para suscitar la prole, ya que la fecundidad no depende de la voluntad de los cónyuges, sino de la misma naturaleza, no perteneciendo por ello a la esencia del matrimonio[334].

---

332 Sentencia c. Jarawan de 4 de julio de 1990, en ARRT 82, 1994, 590, n.º 2.

333 Sentencia c. Funghini de 28 de abril de 1993, en ARRT 85, 1996, 316, n.º 4.

334 Sentencia c. Burke de 15 de diciembre de 1994, ARRT 86, 1997, 719, n.º 4.

También contrae inválidamente quien pretende desinteresarse de la educación de la prole, ya que, está en el mismo nivel de esencialidad que la generación, y la obligación que sobre ello grava a los padres es de carácter primario (c.1136) y debe ser asumida en gran medida por ellos, mientras que las restantes personas son colaboradores subsidiarios[335].

Por tanto, lo determinante es si el cónyuge o los cónyuges asumen o no que el matrimonio esta ordenado a la procreación, pues la intención de retrasar la procreación o limitar está a un número de hijos no afecta a la orientación del propio matrimonio a la procreación[336].

b) Exclusión de la unidad y de la fidelidad (bonum fidei)

La unidad y la fidelidad, técnica y propiamente, son conceptos diferentes, la propiedad de la unidad hace referencia a la unicidad del vínculo, esto es, que quien está ligado con una persona no puede estar simultáneamente ligado con otra. La fidelidad, en cambio, consiste en la obligación de dar el débito conyugal al propio cónyuge y no concedérselo a otra persona[337].

La fidelidad es un elemento esencial del matrimonio (c. 1056), lo que implica la obligatoriedad de mutua lealtad entre los cónyuges en el cumplimiento del contrato matrimonial, por lo que el vínculo matrimonial no puede compartirse con varias personas. De aquí deriva la exclusividad de los derechos conyugales y el deber de fidelidad hacia el otro.

La obligación de fidelidad no se confunde con la obligación de la unidad, pues el matrimonio monógamo la unicidad del vínculo está protegido por el impedimento de ligamen y su exclusión atenta contra la propiedad esencial de la uni-

---

335 Para saber más ZAMORA, J.M. *El Magisterio de Juan Pablo II sobre el derecho y deber de los padres de educar a sus hijos,* Roma 1999.

336 Sobre esta cuestión es importante tener en cuenta las palabras de Pío XII, en Pío XII «Allocutio iis qui interfuerunt Conventui Unionis Catholicae Italicae inter Obstetrices Romae habito» de 29 de octubre de 1951, en AAS, 1951, pp. 844-845.

337 Navarrete opina que los pocos casos de nulidad matrimonial que se verifican por exclusión de la unidad, no se deberían incluir entre los de *ob exclusum bonum fidei* sino específicamente como casos de nulidad por exclusión de la propiedad esencial de la unidad, en NAVARRETE, U. «I beni del matrimonio; elementi e proprietà essenziali», in: *La nouva legislazione matrimoniale canonica,* Città del Vaticano 1986, p. 94.

dad[338]. En consecuencia, la exclusión de la fidelidad, sin que se excluya la unidad vincular, constituye un capítulo autónomo de simulación parcial contra el *bonum fidei*. Según lo anterior los supuestos de exclusión del *bonum fidei* serían los siguientes:

1. En el supuesto de que al menos unos de los contrayentes se reserva el derecho de celebrar otra unión (legítima a su parecer) mientras persista la primera[339].

2. El supuesto que se rechace de manera positiva el *ius in corpus* o la obligación de la fidelidad. Esto ocurre cuando el contrayente, lejos de entregar su cuerpo con carácter exclusivo al otro, se reserva el derecho a mantener relaciones de índole sexual con otra persona.

3. En el supuesto que uno de los contrayentes se reserve el derecho a la fecundación artificial con embriones procedentes de otra persona que no sea su cónyuge, debido «al respeto de la unidad del matrimonio y de la fidelidad conyugal exige que los hijos sean concebidos en el matrimonio»[340].

Por lo tanto, la unidad no solo exige que una persona solo pueda casarse simultáneamente con otra, sino que implica por su misma naturaleza la exclusividad en la entrega y aceptación del derecho a la comunidad de vida, es decir, el objeto del consentimiento matrimonial[341].

Al igual que ocurre en la anterior causa de simulación parcial explicada, la exclusión del *bonum fidei* debe tener lugar por un acto positivo de la voluntad, sin que sea suficiente el propósito de faltar a la fidelidad o la previsión de futuras contravenciones a esta[342]. El consentimiento matrimonial queda viciado sustancialmente únicamente cuando uno o los

---

338   BORRERO, J. «Problemática reciente sobre la exclusión del bonum fidei» *IC*, 1981,41, pp. 199 y ss. También Burke, C. «El contenido del bonum fidei», en *IC*, 31, 1991, pp. 659-679.

339   Esta hipótesis no es sencilla que pueda darse, debido a la vigencia prácticamente universal del matrimonio monógamo

340   Instrucción de la Congregación para la Doctrina de la Fe, de 22 de febrero de 1987, (Ecclesia, 1987, p. 364).

341   En la misma línea ARZA, A. «Fidelidad y matrimonio», *Estudios de Deusto* 38, 1990, pp. 9-10.

342   Sentencia c. Parisella de 7 de marzo de 1979 (*ME,* 1979, p. 286).

dos contrayentes rechace el *ius exclusivum* y la correlativa obligación de observar la fidelidad. Al igual que ocurre en la exclusión del *bonum prolis* la distinción entre el derecho y su ejercicio es aplicable a este tipo de simulación, por lo que solo es aplicable al consentimiento matrimonial en el caso de que la intención contraria a la fidelidad incida sobre el núcleo central esencial de derechos y obligaciones conyugales siendo irrelevante el incumplimiento de la obligación[343].

c) Exclusión del Bonum Sacramenti

El sacramento se identifica con la propiedad esencial de la indisolubilidad del matrimonio que recoge el c. 1056 y cuya exclusión supone un supuesto de simulación parcial. Juan Pablo II en su discurso al Tribunal de la Rota Romana en el año 2002 hizo referencia a la indisolubilidad del matrimonio recordando que no es una exigencia o imposición de una ley extrínseca al matrimonio, sino que deriva de su misma naturaleza por lo que «esta verdad acerca de la indisolubilidad del matrimonio... está destinada a los hombres y mujeres de todos tiempo y lugar»[344]. Por tanto, quien al contraer matrimonio excluye la indisolubilidad contrae inválidamente, ya que rechazar una de las propiedades esenciales dirige su voluntad a un negocio distinto del matrimonio regulado por el *ius cogens* (c. 1101.2)[345]. Este modo explícito de exclusión directa no es el más, sino que suele realizarse de manera implícita, es decir, incluyendo un elemento contrario a la indisolubilidad, esto es los que pretenden contraer un matrimonio disoluble; un matrimonio concertado para un tiempo determinado; o un matrimonio a prueba.

En el primero de los casos (matrimonio disoluble), uno o los dos contrayentes hacen una reserva de divorcio vincular. La indisolubilidad se excluye cuando se reserva el derecho de pedir el divorcio civil, si por ejemplo, cesa el amor entre los

---

343   La jurisprudencia admite que no se entrega el derecho exclusivo a la otra parte o no se acepta el deber de fidelidad cuando se pone algún tipo de limitación al consentimiento que sea contrario al deber de fidelidad, cuando no existe la intención de contraer salvo que sea con la restricción de que quede excluido el deber de fidelidad. Sentencia c. Parisella de 9 de enero de 1975 (PRMC, 1975, pp. 684-688).

344   JUAN PABLO II, «Discurso al Tribunal de la Rota Romana» de 28 de enero de 2002, *Ecclesia,* 2002, p. 235-237.

345   Villegiante, S. «L´esclusione del bonum sacramenti», en ME, 1990, 115, pp. 349-385.

cónyuges, o se hace la vida conyugal difícil entre ambos[346]. En el segundo supuesto, (por tiempo delimitado) equivale a la exclusión de la perpetuidad de la comunidad de vida conyugal contrario a lo que establece el Código en el c. 1055 y 1057. Por último, en el matrimonio a prueba se introduce la posibilidad de la eventual disolución del matrimonio si, a juicio de uno o ambos contrayentes si la experiencia del matrimonio fuese un fracaso[347].Lo característico de este tipo de vicio es la intención de no quedar vinculado perpetuamente, reservándose uno o los dos contrayentes, la posibilidad de recuperar con el propósito de contraer otro matrimonio o recuperar la libertad sin este propósito.

Por último, es importante distinguir la exclusión por acto positivo de la voluntad, de aquellos estados de opinión o de ánimo, que a lo sumo pueden constituir supuestos de voluntariedad habitual o interpretativa sin que pueda llegar a interpretarse un acto positivo de la voluntad. Lo que significa que una cosa es tener en la cabeza la posibilidad legal del divorcio si llega el caso y otra es restringir el consentimiento matrimonial, limitándolo[348].

Es doctrina unánime que no cabe aplicar la distinción entre derecho y su ejercicio, pues es suficiente que el contrayente se oponga a la indisolubilidad y pretenda en consecuencia celebrar matrimonio disoluble[349].

---

346 Sentencia c. Palazzini de 29 de octubre de 1969, SRRD, v. 61, p. 199; c. Palestro de 18 de julio de 1990, *IDE,* 1990, p. 337-356.

347 La jurisprudencia ha entendido que se estima el bien del sacramento en el matrimonio celebrado por la mujer *ad experimentum* por consejo de su madre, que conocía bien al varón contrayente y temía por el éxito del matrimonio, sentencia de 10 de mayo de 1969 en SRRD, vol. 61, p. 104.

348 Sentencia c. De Jorio de 12 de febrero de 1969, v. 60, p. 150.

349 García Gárate, A. *El matrimonio canónico...* ob. cit. p. 152. Conviene recordar que la exclusión de la indisolubilidad puede hacerse de forma absoluta o condicional, es decir, la que se refiere solamente a una hipótesis prevista determinada como recoge la sentencia c. Stankiewicz de 22 de febrero de 1996 *«no se requiere para la nulidad del consentimiento que la exclusión de la indisolubilidad sea absoluta, es decir, que la reserva de disolver el vínculo no tenga subordinación o dependencia alguna respecto a ningún acontecimiento futuro... El consentimiento matrimonial se lesiona también con la llamada exclusión condicional o hipotética del bien del sacramento, que tiene lugar entonces cuando el acto positivo de la voluntad de disolver el vínculo del contrato matrimonial se subordina a una determinada*

d) Exclusión del carácter sacramental

Juan Pablo II en su discurso al Tribunal de la Rota Romana en el año 2003 señaló que «*la importancia de la sacramentalidad del matrimonio y la necesidad de la fe para conocer y vivir plenamente tal dimensión podría dar lugar a algunos equívocos, tanto en sede de admisión a las nupcias como en el juicio sobre la validez. La Iglesia no rechaza la celebración del matrimonio a quien está bien dispuesto, aunque esté imperfectamente preparado desde el punto de vista sobrenatural, con tal de que tenga la recta intención de casarse según la realidad natural del matrimonio. En efecto, no se puede configurar, junto al matrimonio natural, otro modelo de matrimonio cristiano con requisitos sobrenaturales específicos No se debe olvidar esta verdad en el momento de delimitar la exclusión de la sacramentalidad (c. 1101, 2) y el error determinante acerca de la dignidad sacramental (c.1099) como posibles motivos de nulidad*»[350]. Por tanto, La inseparabilidad del contrato matrimonial y del sacramento según el c. 1055.2 ya estudiado, excluir la sacramentalidad lleva aparejada la nulidad del matrimonio, pues se le estaría privando de un elemento esencial del mismo. La mayoría de autores considera que se ha de considerar irrelevante el propósito de contraer matrimonio con exclusión de la sacramentalidad. Pero si esta exclusión tuviese carácter prevalente, de manera que el contrayente solo admitiera el matrimonio en el caso de que no tuviera lugar el sacramento, por lo mismo que estas dos cosas son inseparables habría de estimarse excluido el propio matrimonio[351]. Esto es debido, a que la sacramentalidad del matrimonio no depende de la voluntad de las partes, sino que es impuesta por ser consustancial a la propia institución. Por ello, no cabe contraer matrimonio de una manera válida si lo que se pretende excluir es el matrimonio, ya que este tipo de pretensión resulta imposible.

Este tipo de simulación al quedar obstruido el mismo consentimiento matrimonial, a pesar de incluirse dentro de los supuestos de simulación parcial se trata de un defecto de consentimiento equiparable a la simulación total.

---

hipótesis» en SRR c. Stankiewicz de 22 de febrero de 1996 *Ius Canonicum*, *39*(77), pp. 259-303.

350 JUAN PABLO II, «Discurso al Tribunal de la Rota Romana» de 30 de enero de 2003.

351 BERNÁRDEZ CANTÓN, A. *Compendio de Derecho...* ob. cit. p. 191.

e) Exclusión del derecho a la comunidad de vida

La exclusión del *ius ad vitae communionem* como causa autónoma de nulidad suscitó oposición en la Comisión de consultores que puso de manifiesto la ambigüedad de la frase, porque puede tener varios significados, de un lado, significar la convivencia conyugal como el propio matrimonio. De otro lado, se consideraba inútil porque coincidía con la exclusión del matrimonio mismo, o porque en la definición de matrimonio ya figura como elemento esencial el *ius ad vitae communionem*[352]. Estas razones llevaron a la supresión de la misma en los diferentes textos posteriores, supresión que se ha mantenido el vigente Código. Esto hace difícil una interpretación acerca del puesto que debe asignarse al derecho a la comunión de la vida en la simulación del matrimonio.

Siguiendo a García Gárate, entendida la comunidad de vida, no como la mera cohabitación, sino como manifestación de la entrega mutua de los cónyuges, su exclusión invalida el matrimonio[353]. Como recoge la jurisprudencia, en el matrimonio *in facto esse* puede faltar la comunidad de vida, pero nunca puede faltar el *ius ad communitatem vitae*[354]. Por lo que su exclusión se sitúa mejor dentro de la simulación total que de la simulación parcial.

V. LA CONDICIÓN

Por condición, con carácter general, debe entenderse la determinación accesoria de la voluntad por la cual el nacimiento, producción o extinción de los efectos de un determinado negocio jurídico, es un elemento accidental, que depende de un hecho futuro e incierto. Las condiciones pueden ser suspensivas o resolutorias, o también potestativas, causales y mixtas, y positivas y negativas. La condición, para serlo, tiene que concretarse en un suceso futuro e incierto.

---

352 Revista *Communicationes,* 1977, p. 325.

353 García Gárate, A. *El matrimonio canónico...* ob. cit. p. 153.

354 Sentencia c. Anné de 25 de febrero de 1969, v. 61, p. 181. La c. Pinto de 12 de noviembre de 1973, v. 65, p. 729, mantiene la tesis de que el consorcio o la comunidad no pertenece a la esencia sino a la integridad

No lo son si se refieren a un hecho presente o pasado, necesario o imposible, porque faltaría en tal caso el requisito de la incertidumbre.

La condición a diferencia de lo que ocurría en el derecho romano, donde se asociaba sobre todo a los negocios patrimoniales, en el caso del derecho canónico el desarrollo del concepto de condición esta unido desde sus inicios a su papel como elemento que afecta al consentimiento matrimonial.

Siendo el matrimonio un negocio jurídico la voluntad de uno o ambos contrayentes a la hora de emitir su consentimiento matrimonial puede subordinar la validez del vínculo matrimonial al cumplimiento de una condición. Si esta es de fututo, denominada condición propia, con base en el c. 1102.1 no se contrae de una manera vaída[355], pues no está permitido que el vínculo matrimonial este en suspenso hasta que la condición quede verificada, para que luego se retrotraigan los efectos al pasado. En sentido contrario, en el supuesto de que la condición sea de pasado o de presente, también denominadas como impropias, habrá de estar a la espera de que se verifique o no lo que es objeto de la condición para determinar la validez o no del matrimonio según reza el c. 1102.2[356], por lo que este tipo de condición si es admitida ya que supone la revocación del vínculo matrimonial, ya que habrá surgido o no desde el principio. Es importante destacar que este tipo de condición de presente o de pasado solo puede ponerse lícitamente con licencia escrita del ordinario del lugar, por imperativo de c. 1102.3[357].

---

355 C.1102.1 establece que «*No puede contraerse válidamente matrimonio bajo condición de futuro*».

356 C.1102.2 establece que: «*El matrimonio contraído bajo condición de pasado o de presente es válido o no, según que se verifique o no aquello que es objeto de la condición*».

357 C.1102.3 establece que: «*Sin embargo, la condición que trata el § 2 no puede ponerse lícitamente sin licencia escrita del Ordinario del lugar*».

CAPÍTULO XV.

SEPARACIÓN Y DISOLUCIÓN DEL VÍNCULO MATRIMONIAL

I. LA SEPARACIÓN MATRIMONIAL

El matrimonio se contrae para constituir entre los cónyuges un consorcio para toda la vida tal y como hemos explicado cuando analizamos en capítulos anteriores el c. 1055.1. La manera más óptima de llevar a cabo este consorcio es a través de la cohabitación, por lo que el Derecho canónico lo asume como un elemento integrante del matrimonio[358], ya que el denominado *ius cohabitationis,* es la situación ambiental adecuada para poder realizar los fines del matrimonio[359].

El c. 1151 establece la posibilidad que el deber de cohabitación cese por causa legítima[360]. Por causa legítima debemos entender no solo las causas legales de separación que recoge el Código, sino también aquellas causas ajenas a la voluntad de los contrayentes la convivencia no es posible[361].

---

358 La mayoría de la doctrina defiende la característica integrativa del *ius cohabitationis,* por contraposición a la esencialidad de otros elementos del matrimonio como por ejemplo BERNÁRDEZ, A. *Las causas canónicas de separación conyugal,* Madrid, 1961, p. 21.

359 Tradicionalmente el contenido de la cohabitación se había descrito en el Código de 1917 al compartir lecho, mesa y habitación que vigente Código ha suprimido.

360 C. 1151 establece que: «Los cónyuges tienen el deber y el derecho de mantener la convivencia conyugal, a no ser que les excuse una causa legítima».

361 Como por ejemplo el trabajar en ciudades distintas.

La separación en ningún caso rompe el vínculo conyugal, únicamente suspende la vida en común, por los que los cónyuges no podrían contraer otro matrimonio.

El Derecho canónico distingue dos tipos de separación, la perpetua y la temporal. La primera, la separación perpetua, se autoriza solamente por causa de adulterio, ya que rompe con la fidelidad conyugal y posibilita que el otro cónyuge se pueda separar para siempre tal y como establece el c. 1152 «*... si a pesar de todo no perdonase expresa o tácitamente esa culpa, tiene derecho a romper la convivencia conyugal*». El adulterio se produce cuando la persona casada yace con otra que no es su cónyuge. Se equiparán al adulterio las relaciones homosexuales, la fecundación artificial[362] y el bestialismo.

Hay adulterio cunado reúne los siguientes requisitos:

1. Consumado, mediante la cópula realizada de modo natural y apta de por sí para engendrar la prole.

2. Formal o culpable., es decir, que se realice con conocimiento de la infidelidad que se comete y por una libre decisión de la voluntad.

3. Certeza moral, por lo que debe demostrase con los medios de prueba adecuados[363].

Tal y como establece el canon 1152, para que el cónyuge ofendido pueda pedir la separación es necesario que:

– No haya consentido ni perdonado el adulterio, ya sea de forma expresa o tácita.

– Que no haya sido la causa del mismo, de modo directo mediante la instigación, el mandato, la insinuación... O indirecto, introduciendo al cónyuge en ambientes propicios.

– Que no haya cometido también adulterio.

La separación temporal recogida en el c. 1153 fundada en causa legítima de separación imputable a uno de los cónyuges, dichas causas están tipificadas como situaciones y no como acciones, el mencionado canon enumera dos causas de separación «*Si uno de los cónyuges pone en grave peli-*

---

362 VECIANA, R.M. *La eutelegenesia ante el Derecho canónico,* Barcelona, 1957, p. 231.

363 Con carácter general estos serán indicios y presunciones.

gro espiritual o corporal al otro o a la prole, o de otro modo hace demasiado dura la vida en común, proporciona al otro un motivo legítimo para separarse».

El legislador cuando plantea la conflictividad en la convivencia, lo hace sobre la base de que es un cónyuge el que la provoca y otro el que la padece, por lo que únicamente esta legitimado para separarse de hecho o de derecho el que la sufre.

II. LA DISOLUCIÓN

2.1. Introducción

Como ya hemos visto con anterioridad, una de las propiedades esenciales del matrimonio canónico es la indisolubilidad. Únicamente es indisoluble de modo absoluto el matrimonio que es sacramento y esta consumado, por lo que pueden disolverse extrínsecamente los matrimonios que no son ratos o que no han sido consumados. La disolución es la ruptura de un vínculo matrimonial válidamente constituido por la aparición de una causa posterior a la celebración. La disolución permitirá un nuevo matrimonio.

Como es lógico, al ser el matrimonio canónico indisoluble, los supuestos de disolución del matrimonio son muy limitados.

2.2. La muerte

El c. 1141 establece que el matrimonio rato y consumado únicamente se disuelve por la muerte de uno de los cónyuges. Esto provoca el efecto jurídico que el cónyuge supérstite pueda volver a contraer matrimonio, para ello está condicionado a la comprobación de la muerte del cónyuge anterior, la Iglesia no admite la celebración del segundo matrimonio antes de que conste *«legítimamente y con certeza»* la disolución del primero tal y como hemos visto con anterioridad en el c.1085.2.

Esta comprobación tendrá lugar mediante las aportaciones de documentos auténticos eclesiásticos o civiles que se dan en toda muerte producida en circunstancias normales u ordinarias. El problema surge cuando no existen pruebas fehacientes debido a las circunstancias en las que ha tenido lugar la muerte o cuando se trata de desaparecidos, es decir, circunstancias extraordinarias como puede ser un accidente de avión, naufragio, etc. y no aparece el cuerpo del fallecido. En estos casos se acude a la declaración de muerte presunta que recoge el c. 1707.

2.3. Disolución por no consumación

La potestad de disolver el matrimonio no consumado corresponde al Romano Pontífice y siempre que exista justa causa y al menos uno de los contrayentes estuviese bautizado en el momento de contraerlo tal y como recoge el c. 1142[364]. Se entiende que el matrimonio no ha sido consumado cuando no ha tenido lugar la cópula conyugal a partir de la celebración del matrimonio. Es importante destacar que la cópula extramatrimonial realizada antes de la celebración del matrimonio no impide que el matrimonio tenga la consideración de no consumado. El Código en el canon 1061 recoge que el matrimonio ha sido consumado cuando «*si los cónyuges han realizado de modo humano el acto conyugal apto de por sí para engendrar la prole, al que el matrimonio se ordena por su misma naturaleza y mediante el cual los cónyuges se hacen una sola carne*».

2.4. Disolución del matrimonio en favor de la fe

Cuando entran en conflicto la indisolubilidad del matrimonio con el bien de la fe, el Derecho canónico se decanta por proteger lo segundo, la fe, ya que entiende que entiende que es más trascendente. La iglesia disuelve el matrimonio no sacramental cuando se den determinados supuestos y ciertas condiciones, en donde destacan fundamentalmente tres supuestos.

a) El privilegio paulino, para que se produzca se requiere que se trate de un matrimonio natural o no sacramental, que uno de los cónyuges reciba el bautismo y que la parte infiel

---

364 C. 1142 establece que: «El matrimonio no consumado entre bautizados, o entre parte bautizada y parte no bautizada, puede ser disuelto con causa justa por el Romano Pontífice, a petición de ambas partes o de una de ellas, aunque la otra se oponga».

no consienta en cohabitar con el pacíficamente (c.1143). Para que se produzca este supuesto deben darse los siguientes requisitos:

1. Matrimonio contraído entre dos personas no bautizadas (c. 1143.1) que suele denominarse matrimonio legítimo.

2. Conversión y bautismo válido de uno de los cónyuges, permaneciendo el otro en la infidelidad.

3. Separación del cónyuge infiel, que puede ser: A) material o física, consistente en separarse de la convivencia con el cónyuge bautizado; B) Abandono moral, tiene lugar cuando la persona no bautizada (infiel) quiere cohabitar, pero rehúsa hacerlo pacíficamente; C) separación formal, cuando la parte no bautizada responde de manera negativa a las interpelaciones de palabra, con hechos o con su silencio, de modo que rechace toda cohabitación.

Si concurren estos requisitos, una vez hechas las interpelaciones o constando la dispensa de ellas, nace el derecho que se concede a la parte bautizada para contraer matrimonio canónico con otra persona católica, incluso si el Ordinario lo consintiese con persona no católica, observándose en estos casos las prescripciones sobre matrimonios mixtos.

b) Disolución del matrimonio por disposición del derecho, está recogido en los cc. 1148 y 1149, comprende tanto los supuestos de poligamia entre no bautizados y posterior bautismo de uno de ellos, como aquellos supuestos en los que tras recibir el bautismo existe la imposibilidad de restablecer la vida en común por cautividad o persecución. En estos casos a diferencia del privilegio paulino no existen las interpelaciones, hay que estimar que los efectos se producen en el momento en que concurren los requisitos previstos por el legislador en una situación concreta: 1. la parte convertida adquiere un derecho a contraer matrimonio[365]. 2. dicho matrimonio ha de celebrarse en forma legítima y si el nuevo contrayente no fuese católico se debe cumplir lo establecido para los matrimonios mixtos.

---

365 Por analogía con el privilegio paulino, el matrimonio anterior no se extingue hasta que se celebra el nuevo.

c) Disolución por expresa decisión del Romano Pontífice, se ha denominado privilegio petrino al poder que asiste al Romano Pontífice para disolver todo matrimonio que no sea rato y, en cuanto rato, consumado y más concretamente al poder de disolver el matrimonio en que al menos de las partes es no bautizada cuando surge una razón apremiante referible a la tutela de la fe. Aunque no se regula de manera expresa en el Código, según la doctrina no hay razón para que carezca de aplicación[366]. La regulación de la misma se encuentra en una «Instrucción para la disolución del matrimonio en favor de la fe» con fecha de 6 de diciembre de 1973, distribuida con carácter reservado[367].

---

366 Un ejemplo Díaz Moreno, J.M. *Derecho canónico, Parte General y Matrimonial,* Madrid, 2000, p. 405 y García Gárate, A. *El matrimonio canónico...* ob. cit. p. 159.

367 La edición bilingüe y comentada del Código de Derecho canónico de la BAC, Madrid, 1983, inserta la Instrucción y las normas procesales en su apéndice II.

PARTE III.

EL MATRIMONIO CIVIL

CAPÍTULO XVI.

EL MATRIMONIO CIVIL

I. NATURALEZA Y EVOLUCIÓN DEL MATRIMONIO

En relación con la naturaleza jurídica del matrimonio, como ya hemos vistos en capítulos pasados hay quien lo entiende como un negocio jurídico bilateral y formal, que contiene determinadas características, las cuales podemos extraer de lo dispuesto en los art. 42 a 107 del CC. y quien defiende su carácter institucional[368]. La tesis del matrimonio como contrato surge como resultado de la antigua costumbre de concertar los matrimonios por la sola voluntad de los parientes, en especial la de los padres, sin tener en cuenta y prescindiendo de manera absoluta con la voluntad de los futuros contrayentes, esto sumado al carácter religioso y sacramental que al matrimonio asignó la Iglesia[369]. La corriente liberal del siglo XVIII sostuvo que el matrimonio es un contrato fundamentalmente porque nace del acuerdo de voluntades, de tal modo que sin dicho acuerdo no existe o está viciado, el matrimonio-contrato no nace a la vida del derecho; en el siglo XIX, las leyes civiles del matrimonio eran una copia de

---

368 Interesante la amplia monografía de Martínez Vázquez de Castro, L. *El concepto de matrimonio en el Código Civil*, Navarra, 2008.

369 Larrain, H. Matrimonio, ¿Contrato o institución? En: *Rev. Derecho (Valdivia)* dic. 1998, Vol. 9, N°1, pp. 153-160.

la normativa canónica; igualmente lo eran hasta mediados del siglo XX, excepto en la ley del divorcio[370]. Como negocio jurídico presenta unas determinadas particularidades:

- Los efectos jurídicos del matrimonio vienen predispuestos por la ley.

- El matrimonio es un negocio jurídico de duración indefinida, aunque cualquiera de los contrayentes puede desvincularse del mismo sin alegar justa causa[371].

- El motivo del matrimonio son los derechos y deberes del matrimonio que ambos cónyuges asumen.

- El matrimonio civil tiene sus propias causas de nulidad.

- Al igual que ocurre en el matrimonio canónico, para la prestación del consentimiento matrimonial requiere ciertas formalidades.

Con respecto a la evolución del matrimonio en España, como hemos visto en apartados anteriores, con anterioridad al siglo XIX el matrimonio civil era una institución desconocida. En un primer momento, anterior a 1564, se puede decir, siempre dentro del matrimonio religioso, de un sistema de libertad de forma, ya que se admitía y se aceptaba como válido el matrimonio solemne religioso *in facie Ecclesiae* y el matrimonio *a yuras*, basado en el juramento, sin forma externa alguna[372]. Uno de los momentos trascendentales para la aparición del matrimonio civil en España ha sido la Ley de 18 de junio de 1870 como consecuencia de las ideas liberales y la revolución de 1868 que se tradujo en la Constitución de 1869 que rompía con la confesionalidad del Estado, la doctrina liberal sostenía que el matrimonio era un contrato civil que, además de las condiciones propias de todo contrato, establecía que los contrayentes habían de constituirse

---

370 MONSALVE, V. Hacia la contractualización del vínculo matrimonial. En: Rev. *Universitas*. Bogotá, 2005, N°. 110, pp. 347-412.

371 En el caso de España desde el año 2005 mediante la Ley 15/2005, de 8 de julio, por la que se modifican el Código Civil y la Ley de Enjuiciamiento Civil en materia de separación y divorcio. conocida como Ley de Divorcio Exprés, otorga la posibilidad de acudir a un procedimiento de divorcio, sin necesidad de la previa separación de hecho o judicial y sin alegar causa alguna para ello.

372 O'CALLAGHAN, X. *Compendio de Derecho Civil,* Tomo IV. Derecho de Familia, Madrid, 2016. p. 151

en una sociedad vitalicia siendo que la indisolubilidad de tal contrato respondía a la necesidad que tiene toda ley de ser garante del bien común[373].

Con posterioridad en el año 1875 y tras fracasar el intento de instauración del matrimonio civil, se aprueba el Decreto de 9 de febrero de 1875 en el que se instaura el matrimonio civil subsidiario en donde se establece un nuevo sistema matrimonial por el que se atribuyeron plenos efectos retroactivos a los matrimonios canónicos celebrados desde la vigencia de la Ley de 1870, y en el que se restableció la forma canónica del matrimonio, conservando exclusivamente la civil con carácter excepcional, para aquellos que declarasen no profesar la religión católica[374].

La ley de Bases de 11 de mayo de 1888, en su base 3.ª[375], dispuso la fórmula que se introdujo al art. 42 de CC: donde la Ley reconoce dos formas o clases de matrimonio, el canónico que deben contraerlo todos aquellos que profesasen la religión católica; y el civil que se debía celebrar en la forma que estableciese el Código.

En la II República fiel a sus postulados alejados de la religión, en especial de la católica se instaura otra vez el matrimonio civil obligatorio, la ley de 28 de junio de 1932 denominada Ley de Matrimonio civil, impuso el sistema matrimonial civil, quedando derogado el art. 42 del CC. manifestando su art. 1 «... *sólo se reconoce una forma de matrimonio, el civil, que deberá contraerse con arreglo a lo dispuesto en las secciones 1.ª y 2.ª del capítulo 3.º del título IV del libro I del Código civil*».

Durante la guerra civil española, se dictaron normas que tendrían aplicación en el territorio nacional, siendo muy relevante la Ley de 12 de marzo de 1938 que derogaba la Ley de Matrimonio civil de 1932, donde no establecía un sistema nuevo, sino que recogía el anterior con carácter retroactivo, volviendo de este modo al sistema vigente antes de 1932,

---

373 ROMERO, V. «Sobre la codificación civil y especialmente sobre el matrimonio», en *Revista de los Tribunales,* 10 (1885), p. 377.

374 Interesante el análisis que realiza DEL ÁGUILA BURGOS, F. Efectos del decreto de 9 de febrero de 1875, sobre el matrimonio civil en *Revista general de Legislación y Jurisprudencia*, Vol.24, n.º 49, 1876, pp. 402-406.

375 Que fue negociada con la Santa Sede.

es decir, al sistema matrimonial civil subsidiario. Con posterioridad la Ley de 24 de abril de 1958 por la que se modificaba el Código civil, daba una nueva redacción al art. 42 quedando de la siguiente manera: «*la ley reconoce dos clases de matrimonio: el canónico y el civil. El matrimonio habrá de contraerse canónicamente cuando uno al menos de los contrayentes profese la religión católica. Se autoriza el matrimonio civil cuando se pruebe que ninguno de lo contrayentes profesa la religión católica*».

Con la llegada de la Constitución de 1978 que entre los principios que proclama se encuentran el principio de igualdad ante la ley sin discriminación alguna por razones de índole religioso (art. 14 CE) y el principio de libertad religiosa recogido en el art. 16. También recoge que el hombre y la mujer[376] tienen derecho a contraer matrimonio con plena igualdad jurídica (art. 32).

El régimen jurídico matrimonial fue modificado con la Ley 30/1981, de 7 de julio, dando una nueva redacción a los arts. 42 a 107 del CC, donde se establece toda la regulación en relación con el matrimonio, adecuándolo a la nueva filosofía de la CE. Se reconoce como único el matrimonio civil, con su normativa y efectos, pero admite dos formas de celebración[377](art. 49).

Desde el año 1981, el derecho matrimonial español se ha visto afectado por diversas e importantes modificaciones destacando tres, la reforma del año 2005 que promulga la Ley 13/2005, de 1 de julio, que otorga la posibilidad a las personas del mismo sexo[378] contraer matrimonio añadiéndose un segundo párrafo al artículo 44, con la siguiente redacción: «*el matrimonio tendrá los mismos requisitos y efectos cuando ambos contrayentes sean del mismo o de diferente sexo*». En relación con este art. es interesante la STS de 5 de diciembre de 2013 que expone que «*Resulta indiscutible, pues, que la*

---

376 La CE recoge «el hombre y la mujer» no el «hombre con la mujer» lo cual debe tenerse en cuenta al cuestionarse la constitucionalidad de la Ley de 1 de julio de 2005.

377 Claveria, L.H. «Notas sobre el denominado sistema matrimonial español», en *Centenario del Código civil* (Asociación de profesores de Derecho Civil), vol. I, Madrid, 1990, p. 497 afirma que «el sistema matrimonial español es de forma múltiple y clase única (la civil)».

378 Resolución-circular de 29 de julio de 2005, de la DGR y N. sobre matrimonios civiles entre personas del mismo sexo.

nueva regulación legal del matrimonio no solo ha abierto las puertas de esta institución a las parejas del mismo sexo, sino que, al optar por esta solución normativa de entre las diversas que estaban a su alcance, ha equiparado de forma absoluta los matrimonios contraídos entre personas homosexuales y personas heterosexuales, sin que la reforma resulte contraria a la Constitución (STC de 6 de noviembre de 2012)»[379].

También la Ley 15/2005 de 8 de julio, por la que se modificó el Código civil y la Ley de Enjuiciamiento Civil en materia de separación y divorcio en el que se deja sin contenido el art. 82 CC eliminando la causalidad en la separación, y se modifica el contenido del art. 86, eliminado la causalidad en el divorcio, ya explicado con anterioridad.

La tercera modificación importante, se produce con la LJV de 2 de julio de 2015 en la que se modifican los art. 49 y 51 del CC cuya modificación entró en vigor el 30 de junio de 2017. En el primer precepto se establece que, *en la forma regulada en este Código*, será competente para celebrar el matrimonio: *1.º el Juez de paz o Alcalde del municipio donde se celebre el matrimonio o Concejal que este delegue; 2.º el Secretario judicial o Notario libremente elegido por ambos contrayentes que sea competente en el lugar de celebración; 3.º el funcionario diplomático o consular Encargo del Registro civil en el extranjero.* El segundo precepto hace referencia a la forma religiosa legalmente prevista tal y como recogen los arts. 59 y 60, en donde se establece que El consentimiento matrimonial podrá prestarse en la forma prevista por una confesión religiosa inscrita[380], en los términos acordados con el Estado o, en su defecto, autorizados por la legislación de éste. El matrimonio celebrado según las normas del Derecho canónico o en cualquiera de las formas religiosas previstas produce efectos civiles, pero tal y como recoge el art. 61, para su pleno reconocimiento es necesaria su inscripción en el Registro civil, esta se practicará con la simple presentación de la certificación de la Iglesia o confesión respectiva, que habrá de expresar las circunstancias exigidas por la legislación del Registro Civil.

---

379 STS n.º 740/2013 de 5 de diciembre de 2013, FJ 3.º ECLI:ES:TS:2013:5765

380 Registro constituido mediante el RD 142/1981 de 9 de enero.

II. REQUISITOS PARA CONTRAER MATRIMONIO

A diferencia de como hemos visto en capítulos anteriores donde en el Derecho canónico los requisitos se enumeran de manera negativa, a pesar de que el Derecho matrimonial canónico ha influido de manera decisiva en el Código civil, en este caso su formulación es positiva, distinguiéndose los personales (capacidad), el material (consentimiento) y el formal (la forma).

Respecto a la capacidad matrimonial o requisitos personales, están regulados en los artículos 44, 46, 47 y 48 hacen referencia a dos cuestiones, de un lado, requisitos físicos, donde incluimos la edad y la aptitud mental o personal. En el primer caso, la edad se recoge de manera negativa en el art. 46 CC: *«no pueden contraer matrimonio los menores de edad no emancipados»* [381]. En el segundo caso, la aptitud mental o personal, no está recogido en el código de manera expresa, pero se desprende de la propia naturaleza del matrimonio, cuya concurrencia esencial es tal y como recoge el art. 45 es la existencia del consentimiento, por lo que este faltaría si uno de los dos contrayentes no tiene la capacidad mental necesaria para el mismo[382].

De otro lado, tenemos los requisitos que podríamos denominar morales, en ellos encontramos los siguientes: en primer lugar, el carecer de un vínculo matrimonial previo (art. 46.2)[383], se requiere, pues, para contraer matrimonio la llamada libertad de estado de los cónyuges, en segundo lugar, el parentesco, es el obstáculo al matrimonio por razones fisiológicas[384], es el de consanguinidad en línea recta total,

---

381   Con anterioridad a la reforma de la LJV de 2015 excepcionalmente podían contraer matrimonio el menor de edad no emancipado de catorce años con dispensa judicial si mediaba justa causa.

382   MORENO, B. «La aptitud psíquica en la reforma del matrimonio» en *Libro homenaje al prof. Beltrán Heredia,* Salamanca, 1984, p. 523.

383   La sentencia de TS 897/2005 de 17 de noviembre de 2005 declaró que la existencia de un vínculo matrimonial previo es causa de nulidad radical absoluta, imprescriptible y no sanable por el transcurso del tiempo, citada en otras como, por ejemplo, la SAP de Madrid 1035/2021 de 5 de noviembre de 2021.

384   Interesante la explicación que realiza MARTÍNEZ VELA, J.A. «Algunas claves para el estudio de las relaciones de parentesco como impedimento matrimonial» en *El derecho de familia: de Roma al derecho actual*, 2004, pp. 421-428.

incluyendo el adoptivo, y parcial en línea colateral el art. 47 CC recoge que «*Tampoco pueden contraer matrimonio entre sí: 1.° Los parientes en línea recta por consanguinidad o adopción. 2.° Los colaterales por consanguinidad hasta el tercer grado*»[385]. Por último, en tercer lugar, el art. 47 también recoge el impedimento de crimen «*Los condenados como autores o cómplices de la muerte dolosa del cónyuge o persona con la que hubiera estado unida por análoga relación de afectividad a la conyugal*».

El Juez, establece el art. 48 C.C., puede dispensar, con justa causa y a instancia de parte, mediante resolución previa dictada en expediente de jurisdicción voluntaria, los impedimentos de muerte dolosa del cónyuge o persona con la que hubiera estado unida por análoga relación de afectividad a la conyugal y de parentesco de grado tercero entre colaterales. La dispensa ulterior convalida, desde su celebración, el matrimonio cuya nulidad no haya sido instada judicialmente por alguna de las partes.

Respecto al requisito material, se concreta en el consentimiento, así como hemos indicado con anterioridad el art. 45 CC señala que no matrimonio sin consentimiento. El consentimiento es la concordancia de las dos declaraciones de voluntad, de ambos cónyuges, de querer contraer matrimonio, como negocio jurídico. Es importante mencionar distintos supuestos que generan ciertas especialidades en relación con el consentimiento como puede ser el sometido a los llamados elementos accesorios como son la condición, el término o el modo, no anulan el negocio total, sino que simplemente se tienen por no puestos[386], ya que no puede ser limitado ni condicionado, es decir, el negocio jurídico del matrimonio es un negocio puro[387]. También se incluyen dentro de este apartado el consentimiento prestado por error o con violencia, dolo o intimidación determinara la nulidad del mismo.

Por último, respecto a los requisitos formales, hacen referencia a la forma de celebración del matrimonio. Se debe

---

385 A diferencia de lo que ocurre en el Derecho canónico que llega hasta el cuarto grado inclusive.

386 Así lo recoge el propio art. 45 *la condición, término o modo del consentimiento se tendrá por no puesta.*

387 O'CALLAGHAN, X. *Compendio...* ob. cit. p. 167.

entender por tal la exteriorización, en forma solemne del con-sentimiento matrimonial. El Código civil regula con detalle la forma civil y se remite para el supuesto que se celebre en forma religiosa, a la forma que establezca la religión res-pectiva (art. 59 CC). Existe la opción de contraer matrimonio secreto (art. 54) cuando existe una causa grave[388]. Por último, indicar que existe un tratamiento especial para el supuesto de la celebración de un matrimonio entre personas españo-las celebrado en el extranjero y de los extranjeros en España. Para el primer supuesto pueden acogerse a la celebración en forma civil regulada en nuestro ordenamiento o a alguna de las formas previstas en el Estado extranjero en el que se encuentren (art. 49)[389].

---

388 El matrimonio secreto se publicará de acuerdo con el art. 79 LRC cuando se solicite en alguno de estos supuestos: 1.º Que lo soliciten conjuntamente los cónyuges; 2.º Que lo solicite el cónyuge sobrevi-viente, en caso de fallecimiento de uno de los cónyuges.

389 Es interesante la sentencia del TS 145/2018 de 15 de marzo concre-tamente el FJ3 en su apartado 6 recoge que «*Cuando el matrimonio se celebra sin previo expediente matrimonial, el control de la validez del matrimonio se lleva a cabo en el momento de la inscripción en el Registro Civil (art. 65 CC), sin perjuicio de la posibilidad del ejercicio de una acción de nulidad posterior.*
El matrimonio en el extranjero entre un español y un extranjero puede celebrarse válidamente con arreglo a la forma establecida por la ley del lugar de celebración (art. 49 CC). Tanto la redacción del art. 49 como la del 65 CCfueron modificadas con posterioridad por la Ley 15/2015, de 2 de julio, de la jurisdicción voluntaria, que a su vez dio nueva redacción a los artículos correspondientes de la Ley 20/2011, de 21 de julio, del Registro Civil, que todavía no han entrado en vigor. Lo que importa des-tacar, a efectos del presente recurso, es que aunque la forma establecida por la ley del lugar de celebración sea válida, conforme al art. 65 CC es necesario (y seguirá siéndolo tras la reforma), para poder practicar la inscripción, comprobar que han concurrido los requisitos legales de fondo exigidos para la validez del matrimonio, lo que comprende tanto la capacidad matrimonial como la expresión del consentimiento ma-trimonial y el resto de los requisitos legales. Esta comprobación puede llevarse a cabo mediante la calificación de la "certificación expedida por autoridad o funcionario del país de celebración", siempre que no haya dudas de la realidad del hecho y de su legalidad conforme a la ley espa-ñola (art. 256.3.º RRC) o, en ausencia de título documental suficiente, a través del expediente previsto en el art. 257 RRC , según el cual "el matri-monio solo puede inscribirse en virtud de expediente, en el que se acre-ditará debidamente la celebración en forma del matrimonio y la inexis-tencia de impedimentos". En el expediente se comprende la audiencia reservada a los contrayentes (art. 246 RRC). Se trata, en definitiva, de dar cumplimiento al principio de legalidad del Registro Civil, dirigido a evitar el acceso al mismo de un matrimonio nulo».

III. MODIFICACIONES INTRODUCIDAS POR LA VIGENTE LEY DEL REGISTRO CIVIL

La ley 20/2011 de 21 de julio del Registro Civil, ha entrado en vigor el 30 de abril de 2021, según lo recogido en la Ley 6/2021 de 28 de abril, LRC que modifica la anterior Ley 20/2011 de Registro Civil[390]. La Ley 6/2021 introduce la desjudicialización de la materia, ya que excluye a los Jueces de competencia alguna en relación al expediente matrimonial en el que los contrayentes acrediten el cumplimiento de los requisitos de capacidad y la inexistencia de los impedimentos descritos en el punto anterior.

La tramitación del expediente corresponde al Secretario del Ayuntamiento, el cual podrá solicitar los informes y practicar las diligencias debidas para cerciorarse de la legalidad del matrimonio. El expediente finaliza con una resolución del Secretario del Ayuntamiento en la que se deniega o autoriza el enlace matrimonial, según lo establecido en el art. 58 LRC correspondiendo la celebración del matrimonio a los Alcaldes o Concejales en quienes aquellos deleguen, según recoge el art. 58.1 LRC. La denegación deberá ser motivada y expresar, en su caso, con claridad la falta de capacidad o el impedimento en el que se funda la denegación.

IV. LA INSCRIPCIÓN DEL MATRIMONIO EN EL REGISTRO CIVIL

El art. 58 del CC establece que la autoridad a quien corresponda declarar la celebración del matrimonio llevará a cabo la práctica de la inscripción o la cumplimentación del acta correspondiente. El art. 61 establece que el matrimonio produce efectos civiles desde su celebración, tanto si es religioso o no, según recoge de manera expresa el art. 60 CC para el

---

[390] La complejidad de la Ley y el cambio radical respecto al modelo anterior aconsejaban un extenso plazo de *vacatio legis*, que se fijó inicialmente en tres años, para permitir la progresiva puesta en marcha del nuevo modelo, evitando disfunciones en el tratamiento de la información registral y la implementación de la nueva estructura organizativa. Sin embargo, tras sucesivas prórrogas, ese plazo de *vacatio legis* se extendió hasta el pasado 30 de abril de 2021, fecha en que finalmente entró en vigor la Ley de Registro Civil, junto a la 6/2021, de 28 abril.

caso del religioso. Esto significa que desde el momento de la celebración, se despliegan efectos personales, económicos para ambos contrayentes.

Sin embargo, el art. 61.2 en el párrafo 2.° añade que para el pleno reconocimiento de los mismos será necesaria su inscripción en el Registro civil ya que, «*el matrimonio no inscrito no perjudicará los derechos adquiridos de buena fe por terceras personas*».

Al Estado, a los contrayentes y a los terceros en general les interesa que quede constancia fehaciente de los matrimonios celebrados en cualquiera de sus formas, por lo que arbitra un sistema de prueba, suponiendo un título de legitimación del estado matrimonial que permite a los contrayentes actuar en el tráfico jurídico con los derechos y deberes conyugales de un modo normal.

Es importante destacar que la inscripción no otorga efectos jurídicos, sino el pleno reconocimiento de los mismos, la no inscripción no perjudica a derechos adquiridos por terceras personas[391].

En cuanto a la forma de practicar la inscripción, deben distinguirse las formas civil o religiosa. Respecto a la primera, civil, hay que estar a lo que establece el art. 58. CC que manifiesta que «*el Juez de Paz, Alcalde, Concejal, Secretario judicial, Notario o funcionario, después de leídos los artícu-*

---

391 En este sentido es importante destacar la STC199/2004 de 15 de noviembre para un supuesto en el cual se había denegado la pensión de viudedad por no estar el matrimonio canónico inscrito en el Registro Civil, en donde el TC manifiesta en su FJ 6 «*Considerar inexistente el matrimonio no inscrito y negar la condición de cónyuge a quien ha demostrado su válido vínculo matrimonial, pone de manifiesto que se otorga a la inscripción un valor constitutivo, lo que no resulta acorde a lo que expresamente establece el apartado 1 del art. 61 del Código civil, a la par que aboca a un resultado claramente desproporcionado como es la denegación de la pensión. Por consiguiente, si hemos declarado que "dos supuestos de hecho habrán de reputarse iguales si el elemento diferenciador carece de la suficiente relevancia y fundamento racional (por todas, SSTC 103/1983, 68/1990, 142/1990 y 114/1992)" (ATC 68/1996, de 25 de marzo) no nos queda sino afirmar, como hace el Ministerio Fiscal, que a estos efectos el matrimonio canónico contraído por el recurrente con su fallecida esposa es exactamente igual a cualquier otro matrimonio que haya tenido acceso al Registro Civil*». Este criterio ha sido repetido en sentencias posteriores como por ejemplo la STS de 15 de diciembre de 2004 para un matrimonio contraído por le Iglesia Evangélica entre otras.

los 66, 67 y 68, preguntará a cada uno de los contrayentes si consiente en contraer matrimonio con el otro y si efectivamente lo contrae en dicho acto y, respondiendo ambos afirmativamente, declarará que los mismos quedan unidos en matrimonio y extenderá el acta o autorizará la escritura correspondiente».

Respecto a la forma religiosa, según el art. 63 CC., una vez celebrado, se presenta una certificación acreditativa de su celebración, que es suficiente para su inscripción el Registro Civil. La inscripción podrá ser denegada cuando «*no reúna los requisitos que para su validez se exige en este título*», que serán todos aquellos requisitos materiales y personales que hemos visto con anterioridad.

Una vez practicada la inscripción, el encargado del Registro Civil pondrá a disposición de cada uno de los contrayentes certificación de la inscripción del matrimonio. La inscripción da fe del matrimonio y de la fecha y lugar de celebración, así como hemos dicho con anterioridad produce el pleno reconocimiento de los efectos civiles del mismo frente a terceros de buena fe.

Por último, junto con la inscripción del matrimonio, se inscribirá el régimen económico por el que se rija el matrimonio y demás pactos que pueda afectar al mismo (art. 60 Ley del Registro Civil)[392].

---

392 El régimen económico matrimonial será aquel que los cónyuges decidan a través de las capitulaciones matrimoniales. A falta de pacto hay que tener presenta lo recogido en el art. 1316 del CC, que en aquellos supuestos en donde las capitulaciones matrimoniales resultaran ineficaces, en los territorios denominados de Derecho Común el régimen económico matrimonial será el de gananciales.

BIBLIOGRAFÍA

ABATE, A.M., *Il matrimonio nella nuova legislazione canonica*, Brescia, 1985.

AISA GOÑI, M., «Anomalías psíquicas: doctrina jurídica y jurisprudencia» en VARIOS, *Curso de Derecho matrimonial y procesal canónico.*

BERNÁRDEZ CANTÓN, A., *Las causas canónicas de separación conyugal,* Madrid, 1961.

BERNÁRDEZ CANTÓN, A., *Compendio de Derecho Matrimonial Canónico,* Madrid. 1998.

BERSINI, F., *Il novo Diritto canonico matrimoniale,* Torino, 1983.

BOGGIANO PICCO, A., *Il matrimonio nel Diritto Canonieo,* Torino 1936

CANAS, V., «Estado e Iglesia en Portugal», en *Estado e Iglesia en la UE,* 1996.

CAPELLO, F.M., *De Sacramentis,* Vol. V De Matrimonio, Taurinii.

CARRERAS, J., *Las bodas. Sexo, fiesta y derecho*, Pamplona, 2002.

CASEY, J., *Religious marriage and its civil effectiveness in Ireland,* en «Marriage and Religion in Europe».

CASEY, J., *Estado e Iglesia en Irlanda,* en «Estado e Iglesia en la U. E.».

CASTÁN TOBEÑAS, J., *Derecho civil español, común y foral,* t. V.11.ª ed. puesta al día por GARCÍA CANTERO, G. y CASTÁN VÁZQUEZ, J.M., ed. Reus, Madrid, 1987.

CASTRO, A., «Sistema Matrimonial Vigente en los Países de la Unión Europea. Una Propuesta de sistema matrimonial europeo». En *Cuestiones actuales de derecho comparado: actas de las reuniones académicas celebradas el 13 de julio de 2001 y el 10 de octubre de 2002 en la Facultad de Derecho de A Coruña.* La Coruña, 2003.

CLAVERIA, L.H., «Notas sobre el denominado sistema matrimonial español», en. *Centenario del Código civil* (Asociación de profesores de Derecho Civil), vol. I, Madrid, 1990

CATALÁ, S. Y LÓPEZ, R., *Amor conyugal y nulidad del matrimonio canónico,* Madrid. 2020.

CIPROTTI, P., en *Lezioni di diritto canonico,* Padova, 1943.

COULANGES, F., *La ciudad Antigua,* Biblioteca Edaf, Madrid 1982.

COUTURE, E.J., *Vocabulario jurídico,* Buenos Aires, 1983.

DEL AMO, L., *La defensa del vínculo,* Madrid, 1954.

DEL AMO, L., *La clave probatoria en los procesos matrimoniales*, Navarra, 1978.

DE SMET, AL., *De sponsalibus et matrimonio,* Brugis, 1927.

DENZINGER, H., *El magisterio de la Iglesia,* traducción al castellano de Ruiz Bueno, Barcelona, 1955.

DENZINGER, H., *El Magisterio de la Iglesia. Manual de los símbolos, definiciones y declaraciones de la Iglesia en materia de fe y costumbres*. Barcelona.1963.

DOSSETTI, G., *La violenza nel matrimonio in Dirittto canonico,* Milán, 1943.

ERRÁZURIZ, M., «Contratto e sacramento: il matrimonio, un sacramento che è un contratto. Riflessioni attorno ad alcuni testi di san Tommaso d'Aquino», en AA.VV., *Matrimonio e sacramento*, Città del Vaticano.

FEISS, H., *The didascalicon of Hugh of St. Victor: a medieval guide to the arts,* Columbia University Press, New York, 1991.

FERNÁNDEZ DE BUJÁN, A., *Derecho Privado Romano*, Madrid, 2015.

GALLEGO GARCÍA, E., *Los cambios del Derecho de familia en España (1931-1981) Crónica breve de una mutación polémica*, Valencia. 2005.

GARCÍA FAILDE, J.J., *Algunas sentencias y decretos*, Salamanca, 1981.

GARCÍA FAILDE, J.J., «Manual *de Psiquiatría forense canónica*», Salamanca, 1987.

GARCÍA GÁRATE, A., «En torno a la autonomía del dolo matrimonial» en *Le nouveau Code de Droit canonique,* II, Otawa, 1986.

GARCÍA GÁRATE, A., *El matrimonio canónico en su dimensión sustantiva y procesal*, Dykinson, 2007

GARCÍA GARRIDO, M.J., *Derecho privado romano.*, Madrid, 2008.

GASPARRI, P., *Tractatus canonicus de matrimonio.* Romae, 1932.

GAUDEMET, J., *El matrimonio en Occidente*, Madrid,1993.

GRACIANI, E., *Volontá attuale e volontá precettiva nel negozio matrimoniale*, Milano, 1956.

GIMÉNEZ FERNÁNDEZ, M., *La institución matrimonial según el Derecho de la Iglesia católica*, Madrid, 1974.

HATTENHAUER, H., *Conceptos fundamentales del Derecho civil.* Trad. De Gonzalo Hernández, Ariel, 1982.

HEGEL, G.W., *Enciclopedia de las ciencias filosóficas en compendio.* Edición, introducción y notas de R. Valls Plana, Madrid, 1997.

HERNÁNDEZ, C., *La separación de hecho matrimonial*, Madrid 1982

HERVADA, J. Y LOMBARDÍA, P., *El Derecho del Pueblo de Dios, III/1, Derecho matrimonial*, Pamplona, 1973.

HERVADA, J., *Reflexiones en torno al matrimonio a la luz del Derecho natural, Persona y Derecho*, 1.

HERVADA, J., «La revocación del consentimiento matrimonial», en *El consentimiento matrimonial hoy,* Barcelona, 1976.

HERVADA, J., «Relación sobre la esencia del matrimonio y el consentimiento matrimonial» en *Diritto, persona e vita sociale. Scritti in memoria di Orio Giacchi.* Milano: Vita e Pensiero, 1984.

HERVADA, J., «Obligaciones esenciales del matrimonio» en *Incapacidad consensuales para las obligaciones matrimoniales,* Pamplona, 1991.

IBÁN, I. Y FERRARI, S., en *Derecho y religión en Europa occidental*, Madrid 1998.

IGLESIAS, J., *Derecho Romano,* Barcelona, 2004

JORS, P., *Derecho Privado Romano.* Barcelona, 1937.

JUSDADO, M.A., *El dolo en el matrimonio canónico,* Barcelona, 1988.

KATZ, D., *Manual de psicología, trad. esp. de* SERRATE Y GUERRA, Madrid, 1977.

KEATING, J.R., «*The Bearing of Mental Impairment on the Validity of Marriage*». Roma 1964.

KNECHT, A., *Derecho matrimonial católico,* traducción castellana de Gómez Piñan, Madrid, 1932.

LACRUZ BERDEJO, J.L., *Derecho de familia. El matrimonio y su economía,* Barcelona, 1963.

LACRUZ BERDEJO, J.L., y Sancho Rebullida, F., *Elementos del Derecho civil, IV Derecho de familia,* Barcelona, 1989.

LLAMAZARES FERNÁNDEZ, D., *El sistema matrimonial español. Matrimonio civil, matrimonio religioso y matrimonio de hecho*, Servicio de Publicaciones de la Facultad de Derecho de la Universidad Complutense de Madrid, Madrid 1995.

LLAMAZARES FERNÁNDEZ, D., *Derecho de la libertad de conciencia*, Madrid, 2002.

MAJER, P., *El error que determina la voluntad. Can 1099 del CIC de 1983,* Pamplona, 1997.

MARTÍN J.L., *Historia de España,* Austral, tomo III, Barcelona, 2004.

MARTÍNEZ VÁZQUEZ DE CASTRO, L., *El concepto de matrimonio en el Código Civil,* Navarra, 2008.

MARTÍNEZ VELA, J.A., «Algunas claves para el estudio de las relaciones de parentesco como impedimento matrimonial» en *El derecho de familia: de Roma al derecho actual,* 2004.

MARZAL, M., *Estudios sobre Religión Campesina.* Lima, Fondo Editorial PUCP y CONCYTEC, 1988.

MIGUÉLEZ, L., *Comentarios al Código de Derecho Canónico, 3,* Madrid, 1964.

MORENO, B., «La aptitud psíquica en la reforma del matrimonio» en *Libro homenaje al prof. Beltrán Heredia,* Salamanca, 1984.

NAVARRETE, U., *Diritto fondamentale al matrimonio e al sacramento,* 1988.

NAVARRETE, U., «Los impedimentos relativos a la dignidad del hombre: "aetas", "raptus", "crimen"». *En Derecho matrimonial canónico. Evolución a la luz del Concilio Vaticano II,* Madrid: BAC, 2007.

O'CALLAGHAN, X., *Compendio de Derecho Civil.* Tomo IV. Derecho de Familia.

PEÑA GARCÍA, C., *Matrimonio y causas de nulidad en el Derecho de la Iglesia.* Universidad Pontificia de Comillas, 2018.

POMPEDDA, M.F., *Annotazioni sul diritto matrimoniale del nuovo Codice canonico,* AA.VV., *Il matrimonio nel nuovo Codice di Diritto Canonico,* Padova 1984.

PONTI, G.L., «La perizia sull'imputabilità», en VV.AA., *Trattato di psicología giudizaria,* Milán, 1987.

DE REINA, V., *Lecciones de Derecho Matrimonial.* Barcelona, 1983.

RINCÓN, T., *El matrimonio misterioso y signo. Siglos IX-XIII,* Pamplona, 1971.

RODRÍGUEZ ITURRI, R., *Orígenes, Fuentes y Principios Jurídicos del Matrimonio Civil en el Perú de hoy: lo romano, lo cristiano y lo germánico*, Derecho 47/1993 Facultad de Derecho de la Pontifica Universidad Católica del Perú.

RUANO, L., «La incapacidad para asumir las obligaciones esenciales del matrimonio por causas psíquicas como capítulo de nulidad», Bosch, Barcelona, 1989.

SABATTANI, A., «L'évolution de la jurisprudence dans les causes de nullité de mariage pour incapacité psychique», in: *Iuris principia circa morbos mentis et consensum matrimonialem,* Pontificia Universitas Gregoriana, Romae, 1972.

DE SALAZAR, J., MOSTAZA, A., SANTOS, L., *Derecho matrimonial* en Mostaza, A. *Nuevo Derecho canónico,* Madrid, 1983.

SALERNO, F., *La definizione del matrimonio canonico nella dottrina giuridica e teologica dei sec. XII-XIII*, Milano, 1965.

SCHOUPPE, J.P., *Lo ius connubii, diritto della persona e del fedele*, in: Fidelium Iura 3, (1993).

SOUTO, J.A., *Derecho Matrimonial,* Madrid, 2000.

VECIANA, R.M., *La eutelegenesia ante el Derecho canónico,* Barcelona, 1957.

VILADRICH, P.J., *Agonía del matrimonio legal. Una introducción a los elementos conceptuales básicos del matrimonio*, Pamplona, 1984.

VILADRICH, P.J., *Código de Derecho Canónico,* a cargo de LOMBARDÍA, P., y ARRIETA, J.J., comentario al c.1099.

WATT, J., «El impacto de la Reforma y la Contrarreforma», DAVID I. KERTERZER Y MARZIO BARBAGLI (comps.) *Historia de la familia europea,* Barcelona, 2002.

WINFRIED, A., *Kanonisches Recht*, Bd. III. Paderborn—München—Wien—Zürich 2007.

ZAMORA, J.M., *El Magisterio de Juan Pablo II sobre el derecho y deber de los padres de educar a sus hijos,* Roma 1999.

FUENTES

– *Ley 25/1992, de 10 de noviembre por la que se aprueba el Acuerdo de Cooperación del Estado con la Federación de Comunidades Israelitas de España*[393].

– *Ley 26/1992, de 10 de noviembre por la que se aprueba el Acuerdo de Cooperación del Estado con la Comisión Islámica de España.*

– *Ley 15/2015, de 2 de julio, de la Jurisdicción Voluntaria*

FUENTES JURISPRUDENCIALES

– *Colectanea de Jurisprudencia Canónica*

– *Jurisprudencia Pontificia de causis matrimonialibus et separationis*

– *Sacrae Rommanae Rotae Decisiones seu Sententiae*

REVISTA Y VARIOS

– *Anuario de Derecho Eclesiástico del Estado*

– *Boletín de Información del Ministerio de Justicia*

– *Boletín Oficial de las Cortes Generales*

– *Communicationes*

– *Diccionario General de Derecho Canónico*

– *Il Diritto Eclesiastico*

– *Ius Canonicum*

– *Revista Española de Derecho Canónico*

---

393 Esta Ley pasa a denominarse «Ley 25/1992, de 10 de noviembre, por la que se aprueba el Acuerdo de Cooperación del Estado con la Federación de Comunidades Judías de España», según establece la disposición final 6.1 de la Ley 15/2015, de 2 de julio.

- *Revista de Derecho privado*

- *Revista de Derecho de Familia, doctrina, Jurisprudencia, legislación*

- *Revista de los Tribunales*

- *Revista General de Legislación y Jurisprudencia*

- *Revista Internacional de Doctrina y Jurisprudencia*

COLEX

LA EDITORIAL JURÍDICA DE REFERENCIA PARA
LOS PROFESIONALES DEL DERECHO **DESDE 1981**

Paso a paso   Códigos comentados   Vademecum

Formularios   Flashes formativos   Colecciones científicas

DESCUBRA NUESTRAS OBRAS EN:

www.colex.es

Editorial Colex SL   Tel.: 910 600 164   info@colex.es